公務員試験

出るとこ

8 行政学

国家一般職・地方上級レベル対応

新装第2版

セレクト SELECT

70

去問

TAC出版

TAC PUBLISHING Group

● はじめに ●

目指す場所に必ずたどり着きたい方のために──
『出るとこ過去問』は、超実践的 "要点整理集＋過去問集" です。

「公務員試験に合格したい」
この本を手にされた方は、きっと心からそう願っていると思います。

公務員試験に合格することは、けっして容易なものではありません。勉強すべき科目は多く、参考書は分厚い。合格に必要な勉強時間はおおよそ1500 〜 2000時間といわれており、準備に半年〜１年かける方が大半でしょう。覚悟を決め、必死で取り組まなければなりません。

たとえ予備校に通っていても、カリキュラムをひたすらこなすだけでせいいっぱいという方もいるでしょう。独学の場合はなおさら、スケジュールどおりに勉強を進めていくには、相当な自制心が必要です。試験の日程が近づいているにもかかわらず、「まだ手をつけていない科目がこんなにある」と落ち込んでしまう方もいるかもしれません。

そんな時こそ、本書の出番です。この『出るとこ過去問』は、公務員試験合格のための超実践的 "要点整理集＋過去問集" です。絶対に合格を勝ち取りたい方が最後に頼る存在になるべく作られました。

おさえるべき要点はきちんと整理して理解する。解けるべき過去問はきちんと解けるようにしておく。それが公務員試験で合格するためには必須です。**本書は、合格のために "絶対理解しておかなければならない要点" の簡潔なまとめと、これまで公務員試験の中で "何度も出題されてきた過去問" だけを掲載しています。だからこそ、超実践的なのです。**

たくさんの時間を使い、たくさん勉強してきたけれど、まだ完全に消化しきれていない科目がある。そんな方にとって、本書は道を照らす最後の明かりです。**本書のPOINT整理やPointCheck を頼りに重要事項を整理して理解し、過去問が解けるところまでいけば、合格はもうすぐです。**

いろいろと参考書を手にしてみたものの、どれもしっくりとせず、試験の日程ばかりが迫ってきている。そんな方にとって、本書は頼もしい最後の武器です。**本書をぎりぎりまで何度も繰り返し勉強することで、合格レベルまで底上げが可能となります。**

道がどんなに険しくても、そこに行き先を照らす明かりがあれば、効果的な武器があれば、目指す場所に必ずたどり着くことができます。

みなさんが輝かしい未来を勝ち取るために、本書がお役に立てれば幸いです。

2020年3月　TAC出版編集部

● 本書のコンセプトと活用法 ●

本書のコンセプト

1. 過去問の洗い直しをし、得点力になる問題だけを厳選

その年度だけ出題された難問・奇問は省く一方、近年の傾向に合わせた過去問の類題・改題はしっかり掲載しています。本書で得点力になる問題を把握しましょう。

<出題形式について>
旧国家Ⅱ種・裁判所事務官の出題内容も、国家一般・裁判所職員に含め表記しています。また、地方上級レベルの問題は地方上級と表示しています。

2. 基本問題の Level 1 、発展問題の Level 2 のレベルアップ構成

Level 1 の基本問題は、これまでの公務員試験でたびたび出題されてきた問題です。何回か繰り返して解くことをおすすめします。科目学習の優先順位が低い人でも、最低限ここまではきちんとマスターしておくことが重要です。さらに得点力をアップしたい方は Level 2 の発展問題へ進みましょう。

3. POINT整理と見開き2ページ完結の問題演習

各章の冒頭の**POINT整理**では、その章の全体像がつかめるように内容をまとめています。全体の把握、知識の確認・整理に活用しましょう。この内容は、Level 1 、Level 2 の両方に対応しています。また、**Q&A**形式の問題演習では、問題、解答解説および、その問題に対応する**PointCheck**を見開きで掲載しています。重要ポイントの理解を深めましょう。

● 基本的な学習の進め方

①理解する　②整理する　③暗記する　④演習する

本書の扱う範囲

　どんな勉強にもいえる、学習に必要な4つのポイントは次のとおりです。本書は、この①〜④のポイントに沿って学習を進めていきます。

①理解する

　問題を解くためには、必要な知識を得て、理解することが大切です。

②整理する

　ただ知っているだけでは、必要なときに取り出して使うことができません。理解したあとは、整理して自分のものにする必要があります。

③暗記する　④演習する

　問題に行き詰まったときは、その原因がどこにあるのか、上記①〜④をふりかえって考え、対処しましょう。

本書の活用法

1. POINT整理で全体像をつかむ

POINT整理を読み、わからないところがあれば、各問題の**PointCheck**および解説を参照して疑問点をつぶしておきましょう。関連する**Q&A**のリンクも掲載しています。

2. Level 1 ・ Level 2 のQ&Aに取り組む

ここからは自分にあった学習スタイルを選びましょう。苦手な論点は、繰り返し問題を解いて何度も確認をすることで自然と力がついてきます。

Level 2 の **Level up Point!** は得点力をつけるアドバイスです。当該テーマの出題傾向や、問題文の目のつけどころ、今後の学習の指針などを簡潔にまとめています。

●本書を繰り返し解き、力をつけたら、本試験形式の問題集にも取り組んでみましょう。公務員試験では、問題の時間配分も重要なポイントです。

➡ **本試験形式問題集**

『**本試験過去問題集**』(国家一般職・国税専門官・裁判所職員ほか)

●全体像をつかむ POINT整理

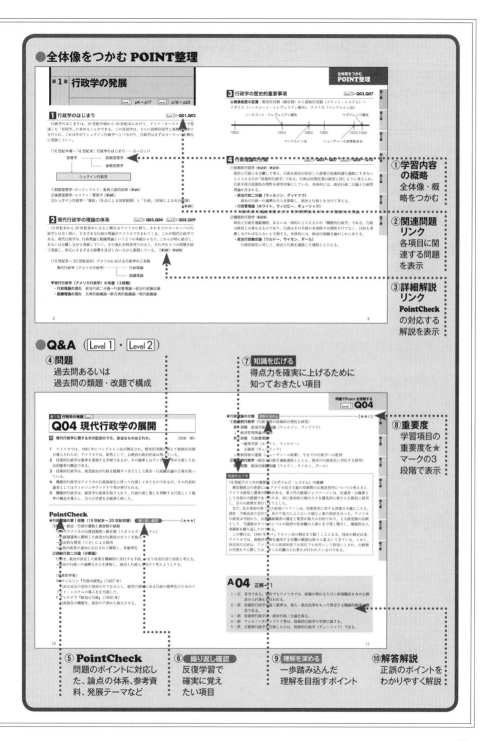

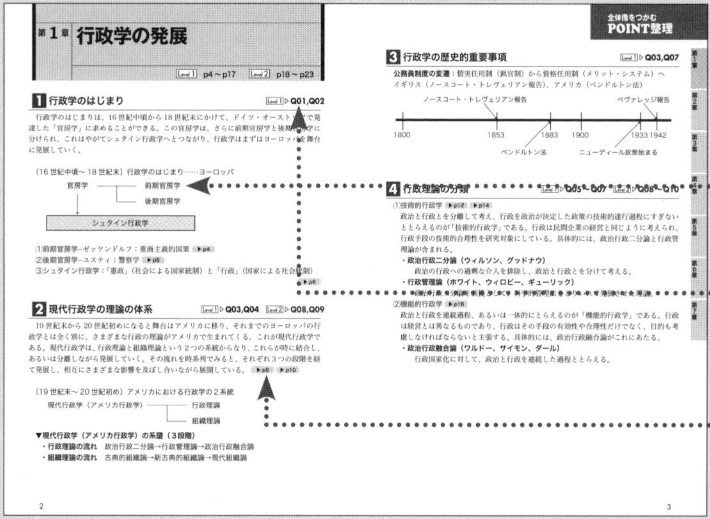
第1章 行政学の発展
Level 1 p4～p17 Level 2 p18～p23

1 行政学のはじまり Level 1 ▷ Q01,Q02
行政学のはじまりは、16世紀中頃から18世紀末にかけて、ドイツ・オーストリアで発達した「官房学」に求めることができる。この官房学は、さらに前期官房学と後期官房学に分けられ、これはやがてシュタイン行政学へとつながり、行政学はまずはヨーロッパを舞台に発展していく。

〔16世紀中頃～18世紀末〕行政学のはじまり……ヨーロッパ
官房学 ― 前期官房学 / 後期官房学
シュタイン行政学

⑴前期官房学－ゼッケンドルフ：重商主義的国策 ▶p4
⑵後期官房学－ユスティ：警察学 ▶p5
⑶シュタイン行政学：「憲政」（社会による国家統制）と「行政」（国家による社会統制） ▶p6

2 現代行政学の理論の体系 Level 1 ▷ Q03,Q04 Level 2 ▷ Q08,Q09
19世紀末から20世紀初めになると舞台はアメリカに移り、それまでのヨーロッパの行政学とは全く別に、さまざまな行政の理論がアメリカで生まれてくる。これが現代行政学である。現代行政学は、行政理論と組織理論という2つの系統からなり、これらが時に結合し、あるいは分離しながら発展していく。その流れを時系列でみると、それぞれ3つの段階を経て発展し、相互にさまざまな影響を及ぼし合いながら展開している。▶p8 ▶p10

〔19世紀末～20世紀初め〕アメリカにおける行政学の2系統
現代行政学（アメリカ行政学） ― 行政理論 / 組織理論

▼現代行政学（アメリカ行政学）の系譜（3段階）
・行政理論の流れ 政治行政二分論→行政管理論→政治行政融合論
・組織理論の流れ 古典的組織論→新古典的組織論→現代組織論

2

全体像をつかむ POINT整理

3 行政学の歴史的重要事項 Level 1 ▷ Q03,Q07
公務員制度の変遷：情実任用制（猟官制）から資格任用制（メリット・システム）へ
イギリス（ノースコート・トレヴェリアン報告）、アメリカ（ペンドルトン法）

4 行政理論の分類 Level 1 ▷ Q05～Q07 Level 2 ▷ Q08～Q10
⑴技術的行政学 ▶p12 ▶p14
政治と行政とを分離して考え、行政を政治が決定した政策の技術的遂行過程にすぎないととらえるのが「技術的行政学」である。行政は民間企業の経営と同じように考えられ、行政手段の技術的合理性を研究対象にしている。具体的には、政治行政二分論と行政管理論が含まれる。
・政治行政二分論（ウィルソン、グッドナウ）
政治の行政への過剰な介入を排除し、政治と行政とを分けて考える。
・行政管理論（ホワイト、ウィロビー、ギューリック）
⑵機能的行政学 ▶p18
政治と行政を連続過程、あるいは一体的にとらえるのが「機能的行政学」である。行政は経営とは異なるものであり、行政はその手段の有効性や合理性だけでなく、目的も考慮しなければならないと主張する。具体的には、政治行政融合論がこれにあたる。
・政治行政融合論（ワルドー、サイモン、ダール）
行政国家化に対して、政治と行政を連続した過程ととらえる。

3

①学習内容の概略
全体像・概略をつかむ

②関連問題リンク
各項目に関連する問題を表示

③詳細解説リンク
PointCheckの対応する解説を表示

●Q&A（Level 1・Level 2）

④問題
過去問あるいは
過去問の類題・改題で構成

⑦ 知識を広げる
得点力を確実に上げるために
知っておきたい項目

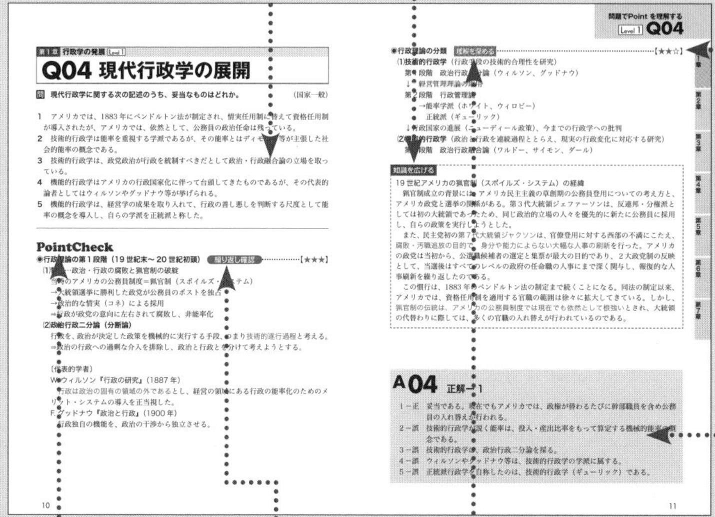
第1章 行政学の発展 Level 1
Q04 現代行政学の展開
問 現代行政学に関する次の記述のうち、妥当なものはどれか。（国家一般）

1 アメリカでは、1883年にペンドルトン法が制定され、情実任用制に替えて資格任用制が導入されたが、アメリカでは、依然として、公務員の政治任命は残っている。
2 技術的行政学は能率を重視する学派であるが、その能率とはディモック等が主張した社会的能率の概念である。
3 技術的行政学は、政党政治が行政を統制すべきだとして政治・行政融合論の立場を取っている。
4 機能的行政学はアメリカの行政国家化に伴って台頭してきたものであるが、その代表的論者としてはウィルソンやグッドナウ等が挙げられる。
5 機能的行政学は、経営学の成果を取り入れて、行政の善し悪しを判断する尺度として能率の概念を導入し、自らの学派を正統派と称した。

PointCheck
●行政理論の第1段階（19世紀末～20世紀初頭） 繰り返し確認【★★★】
⑴背景…政治・行政の腐敗と猟官制の破綻
当時のアメリカの公務員制度＝猟官制（スポイルズ・システム）
→大統領選挙に勝利した政党が公務員のポストを独占
→政治的な情実（コネ）による採用
→行政が政党の意向に左右されて腐敗し、非能率化
⑵政治行政二分論（分断論）
行政を、政治が決定した政策を機械的に実行する手段、つまり技術的遂行過程と考える。
→政治の行政への過剰な介入を排除し、政治と行政とを分けて考えようとする。

〔代表的学者〕
W.ウィルソン『行政の研究』（1887年）
行政は政治の固有の領域の外であるとし、経営の領域にある行政の能率化のためのメリット・システムの導入を正当視した。
F.グッドナウ『政治と行政』（1900年）
行政独自の機能を、政治の干渉から独立させる。

10

問題でPointを理解する Level 1 Q04

●行政理論の分類 理解を深める【★★☆】
⑴技術的行政学（行政手段の技術的合理性を研究）
第1段階 政治行政二分論（ウィルソン、グッドナウ）
↓ 経営管理理論の影響
第2段階 行政管理論
→能率学派（ホワイト、ウィロビー）
正統派（ギューリック）
↓ 行政国家の進展（ニューディール政策）、今までの行政学への批判
⑵機能的行政学（政治と行政を連続過程ととらえ、現実の行政変化に対応する研究）
第3段階 政治行政融合論（ワルドー、サイモン、ダール）

知識を広げる
19世紀アメリカの猟官制（スポイルズ・システム）の経緯
猟官制成立の背景には、アメリカ民主主義の草創期の公務員登用についての考え方と、アメリカ政党と選挙の関係がある。第3代大統領ジェファーソンは、反連邦・分権派としては初の大統領であったため、同じ政治的立場の人々を優先的に新たに公務員に採用し、自らの政策を実行しようとした。
また、民主党初の第7代大統領ジャクソンは、官僚登用に対する西部の不満にこたえ、腐敗・汚職追放の目的で、身分や能力によらない大幅な人事の刷新を行った。アメリカの政党は当初から、公選職候補者の選定と集票が最大の目的であり、2大政党制の反映として、当選後はすべてのレベルの政府の任命職の人事にまで深く関与し、報復的な人事刷新を繰り返したのである。
この慣行は、1883年のペンドルトン法の制定まで続くことになる。同法の制定以来、アメリカでは、資格任用制を適用する官職の範囲は徐々に拡大してきている。しかし、猟官制の伝統は、アメリカの公務員制度では現在でも依然として根強いとされ、大統領の代替わりに際しては、多くの官職の入れ替えが行われているのである。

A04 正解－1
1－正 妥当である。現在でもアメリカでは、政権が替わるたびに幹部職員を含め公務員の入れ替えが行われる。
2－誤 技術的行政学が説く能率は、投入・産出比率をもって算定する機械的能率の概念である。
3－誤 技術的行政学は、政治行政二分論を採る。
4－誤 ウィルソンやグッドナウ等は、技術的行政学の学派に属する。
5－誤 正統派行政学を自称したのは、技術的行政学（ギューリック）である。

11

⑧重要度
学習項目の
重要度を★
マークの3
段階で表示

⑤ PointCheck
問題のポイントに対応した、論点の体系、参考資料、発展テーマなど

⑥ 繰り返し確認
反復学習で
確実に覚え
たい項目

⑨ 理解を深める
一歩踏み込んだ
理解を目指すポイント

⑩解答解説
正誤のポイントを
わかりやすく解説

● 効率的『出るとこ過去問』学習法 ●

1周目

　最初は科目の骨組みをつかんで、計画どおりスムーズに学習を進めることが大切です。1周目は学習ポイントの①概要・体系の理解と、②整理の仕方を把握することが目標になります。

> 最初は、誰でも、「わからなくて当然」「難しくて当たり前」です。初めての内容を無理やり覚えようとしても混乱するだけで終わってしまうことがあります。頭に残るのは全体像やイメージといった形で大丈夫です。また、自力で問題を解いたり、暗記に時間をかけたりするのは効率的ではありません。問題・解説を使って整理・理解していきましょう。

1. POINT整理をチェック

　やみくもに問題を解いても、学習範囲の概要がわからなければ知識として定着させることはできません。知識の中身を学習する前に、その章の流れ・体系をつかんでおきます。

> **POINT整理**は見開き構成で、章の全体像がつかめるようになっています。一目で学習範囲がわかるので、演習の問題・解説がスムーズに進むだけでなく、しっかりした知識の定着が可能になります。ここは重要な準備作業なので詳しく説明します。

(1)**各項目を概観**（5分程度）

　次の3点をテンポよく行ってください。

①章の内容がどんな構成になっているか確認

②何が中心的なテーマか、どのあたりが難しそうかを把握

③まとめの文章を読んで、理解できる部分を探す

> 最初はわからなくても大丈夫です。大切なのは問題・解説を学習するときに、その項目・位置づけがわかることです。ここでは知識の中身よりも、組立て・骨組み・章の全体像をイメージします。

(2)**気になる項目を確認**（30分程度）

　問題・解説の内容を、先取りして予習する感覚で確認します。

①リファレンスを頼りに各問題や、問題の**PointCheck**を確認

②まったく知らない用語・理論などは「眺めるだけ」

③知っている、聞いたことがある用語・理論などは自分の理解との違いをチェック

> 全体像を確認したら、次にやることは「道しるべ」を作っておくことです。内容を軽く確認する作業ですが、知らないことや細かい内容はとばして、自分が知っている用語や理解できる内容を確認し、学習を進める時の印をつけておきます。

2. Level 1 の問題にトライ （問題・解説で1問あたり15分以内が目標）

　まずは読む訓練と割り切りましょう。正解をみてもかまいません。むしろ○×を確認してから、どこが間違っているのか、理解が難しいのかを判断する程度で十分です。問題を読んで理解できない場合は、すぐに解説を読んで正誤のポイントを理解するようにしてください。

> はじめは、問題を自力で解くことや、答えの正解不正解は全く考慮しません。また、ここで深く考える必要もありません。大切だとされる知識を「初めて学ぶ」感覚で十分です。問題で学ぶメリットを最大限に生かしましょう。

3. Level 1 の PointCheck を確認 （15分程度）

　学習内容の理解の仕方や程度を**PointCheck**で把握します。問題を解くための、理解のコツ、整理の仕方、解法テクニックなどを確認する作業です。暗記が必要な部分は、**PointCheck**の文中に印をしておき、次の学習ですぐ目につくようにします。

4. Level 2 の問題の正誤ポイントを確認

　Level 1 の問題と同様に読む訓練だと考えて、正誤のポイントを確認するようにしましょう。ただ、長い文章や、**POINT整理**にない知識、未履修の範囲などが混在している場合があるので、学習効果を考えると1回目は軽く流す程度でいいでしょう。また、Level 1 の**PointCheck**と同様、覚えておくべき部分には印をしておきます。

> Level 2 は2周目で重点的に確認するようにします。1周目はとばしてもかまいません。ただ、これからやる学習範囲でも、眺めておくだけで後の理解の役に立ちます。「なんとなくわかった」レベルの理解で先に進んでも大丈夫です。

2周目以降

　ここからは、問題を解きながら覚える作業です。大切なのは、「理解できたか・できないか」「整理されているか・されていないか」「暗記したか・していないか」を、自分なりにチェックしていくこと。できたところと、難しいところを分けていきましょう。

> 2周目でも、100パーセントの体系的理解は必要ありません。どうすれば正解に至ることができるかを自分なりに把握できればいいのです。最終的には自分の頭で処理できることが目標なのです。

　2周目以降は、もうやらなくていい問題を見つける作業だと考えてください。「ここだけ覚えればいい」「もう忘れない」と感じた問題は切り捨てて、「反復が必要」「他の問題もあたっておく」と感じる問題にチェックをしていきます。

> ここからが一般的な問題集の学習です。3周目は1日で全体の確認・復習ができるようになります。ここまで本書で学習を進めれば、あとは問題を解いていくことで、より得点力を上げていくこともできます。一覧性を高め、内容を絞り込んだ本書の利点を生かして、短期間のスピード完成を目指してください。

出るとこ過去問　行政学セレクト70

公務員試験

国家一般職
地方上級レベル対応

出るとこ過去問

8 行政学

セレクト70

1 行政学のはじまり

Level 1 ▷ **Q01,Q02**

　行政学のはじまりは、16世紀中頃から18世紀末にかけて、ドイツ・オーストリアで発達した「官房学」に求めることができる。この官房学は、さらに前期官房学と後期官房学に分けられ、これはやがてシュタイン行政学へとつながり、行政学はまずはヨーロッパを舞台に発展していく。

〔16世紀中頃～18世紀末〕行政学のはじまり……ヨーロッパ

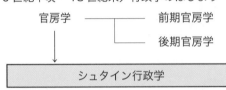

(1)前期官房学−ゼッケンドルフ：重商主義的国策　▶ p4
(2)後期官房学−ユスティ：警察学　▶ p5
(3)シュタイン行政学：「憲政」（社会による国家統制）と「行政」（国家による社会統制）
　　　　　　　　　　　　　　　　　　　　　　　　　　　　　　　　　　▶ p6

2 現代行政学の理論の体系

Level 1 ▷ **Q03,Q04**　Level 2 ▷ **Q08,Q09**

　19世紀末から20世紀初めになると舞台はアメリカに移り、それまでのヨーロッパの行政学とは全く別に、さまざまな行政の理論がアメリカで生まれてくる。これが現代行政学である。現代行政学は、行政理論と組織理論という2つの系統からなり、これらが時に結合し、あるいは分離しながら発展していく。その流れを時系列でみると、それぞれ3つの段階を経て発展し、相互にさまざまな影響を及ぼし合いながら展開している。　▶ p8　▶ p10

〔19世紀末～20世紀初め〕アメリカにおける行政学の2系統
　　現代行政学（アメリカ行政学）───── 行政理論
　　　　　　　　　　　　　　　　└──── 組織理論

▼現代行政学（アメリカ行政学）の系譜（3段階）
　・**行政理論の流れ**　政治行政二分論→行政管理論→政治行政融合論
　・**組織理論の流れ**　古典的組織論→新古典的組織論→現代組織論

3 行政学の歴史的重要事項　　　Level 1 ▷ **Q03,Q07**

公務員制度の変遷：情実任用制（猟官制）から資格任用制（メリット・システム）へ
イギリス（ノースコート・トレヴェリアン報告）、アメリカ（ペンドルトン法）

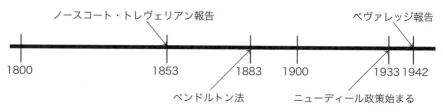

4 行政理論の分類　　　Level 1 ▷ **Q05〜Q07**　　Level 2 ▷ **Q08〜Q10**

⑴技術的行政学 ▶p12 ▶p14

　政治と行政とを分離して考え、行政を政治が決定した政策の技術的遂行過程にすぎない
ととらえるのが「技術的行政学」である。行政は民間企業の経営と同じように考えられ、
行政手段の技術的合理性を研究対象にしている。具体的には、政治行政二分論と行政管
理論が含まれる。

　・政治行政二分論（ウィルソン、グッドナウ）

　　　政治の行政への過剰な介入を排除し、政治と行政とを分けて考える。

　・行政管理論（ホワイト、ウィロビー、ギューリック）

　　　政治行政二分論を前提として、科学的管理法をとりいれて発展させた理論。

⑵機能的行政学 ▶p16

　政治と行政を連続過程、あるいは一体的にとらえるのが「機能的行政学」である。行政
は経営とは異なるものであり、行政はその手段の有効性や合理性だけでなく、目的も考
慮しなければならないと主張する。具体的には、政治行政融合論がこれにあたる。

　・政治行政融合論（ワルドー、サイモン、ダール）

　　　行政国家化に対して、政治と行政を連続した過程ととらえる。

第1章
第2章
第3章
第4章
第5章
第6章
第7章

3

Q01 官房学

問 ヨーロッパの行政学に関する次の記述のうち、妥当なものはどれか。 (地方上級類題)

1 行政学の起源は16世紀中頃にドイツ・オーストリアで発達したシュタイン行政学に求められる。

2 シュタインは、国家の本質は人格を最高度に発現させることで、社会の本質は財貨による支配と服従だと述べた。

3 後期官房学の代表的学者はゼッケンドルフで、平和、正義、国家と人民の福祉の実現を官房学の三大目標とした。

4 官房学は理論が体系的に整備された学問であり、それは今日の行政の本質にも迫るものであった。

5 シュタイン行政学は公法学と違い、行政に対する憲政の絶対的優位を説いた。

PointCheck

◉官房学（カメラリズム）……………………………………………………………【★★☆】

(1)官房学の意義

　官房学は当初、国家を統治する際に君主が必要とする、政治、経済、社会に関する一切の知恵・施策という広範な領域にわたる諸学説であった。これを土台にして、君主の利益に奉仕することが第一義であった官僚にとって、有用とみなされるすべての知識・技術を包括する学問として、官房学と呼ばれる学問群が成立した。

(2)官房学の発達

　官房学は、16世紀中頃から18世紀末にかけてドイツ・オーストリア地域において成立、発達していった。中央集権体制の下、国民国家が形成されはじめたこの時代に登場した官房学が、行政学の起源であると考えられている。

　　▼官房学が発達した背景
　　　①この地域を長年支配してきた神聖ローマ帝国の弱体化に伴う小国の乱立によって、イギリス、フランスなどに比べ、中央集権化が決定的に後れてしまったこと。
　　　②1618年から1648年まで続いた30年戦争によって都市も農村も荒廃し、他国と経済的な格差が大きくなったために、国土の復興と富国強兵を急ぐ必要があったこと。

(3)官房学の分類

　1727年、ハレ大学とフランクフルト大学に官房学の講座が設置された。それ以前の官房学を前期官房学、それ以後の官房学を後期官房学という。

◉前期官房学…………………………………………………………………………【★☆☆】

(1)重商主義的国策

　前期官房学者は、「王家直轄領地の農業経営方策」「鉱山開発方策」「都市商工業の振興

方策」の３つを国策の中心に置いた。

　前期官房学は「ドイツ版重商主義」とも呼ばれる。それは、国力増強の基礎として人口の増殖を強調したこと、商工業の振興方策よりも直轄領地の経営方策に重点を置いたためである。

(2)ゼッケンドルフの官房学

　V.L.ゼッケンドルフは、前期官房学を代表する『ドイツ君主国家論』（1659年）を著した。彼は、「平和」「正義」「国家と人民の福祉」を官房学の３大目標とした。その背景にはキリスト教的な視点がある。

◉後期官房学‥‥‥‥‥‥‥‥‥‥‥‥‥‥‥‥‥‥‥‥‥‥‥‥‥‥‥‥‥‥‥‥**【★★☆】**

(1)警察学

　前期官房学はその後、「警察学」「財政学」「経済政策学」の諸領域に分化する。なかでも、国家の統治技術の部分が前期官房学の中から取り出され、自立して発展した分野が「警察学」である。

(2)ユスティの官房学

　後期官房学を代表する著作は、J.ユスティの『警察学の諸原理』（1756年）である。これにより、ユスティは「行政学の父」とも呼ばれる。

　ユスティによると、「警察とは、君主の意思を執行するのみならず、共同の福祉を促進するための国家のすべての内務事項にあたるもの」である。

　ユスティは国家学を、「警察学」と「財政学」とに分類した。彼は、国家資産を維持、増殖させるため、「警察学」の基本を、今日でいう国家の安全保障と国内治安の維持と国家資産に置いた。また、国家支出の処理を扱う「財政学」については、予算を毎年編成することと、その均衡を維持することの重要性を唱えた。

(3)官房学への批判とシュタイン行政学

　18世紀末のフランス革命により市民階級が台頭し、ヨーロッパ各国には国民が国家に対して権利を主張する風潮が浸透する。それは君主のための官房学のあり方自体の批判となり、このような状況にあって、L.V.シュタインは、国家と社会の対立を「憲政」（社会による国家統制）と「行政」（国家による社会統制）によって説明し、独自の行政学へと発展させた（**Q02**参照）。

A01　正解－２

1－誤　行政学の起源は、官房学である。
2－正　シュタインの主張どおりである（**Q02**参照）。
3－誤　ゼッケンドルフは、前期官房学の代表的学者である。
4－誤　官房学は未分化・未体系の学問であり、またその理論と今日の行政とでは本質的に大きく異なる。
5－誤　行政に対する憲政の絶対的優位を説いたのはドイツ公法学（**Q02**参照）であり、シュタインは憲政と行政とを相互に依存的で対等だとした。

Q02 官房学の発展

問 シュタインの行政学に関する記述として、妥当なのはどれか。 （地方上級）

1 　彼は、法律による行政の原理について法律の支配という概念でとらえ、さらに法律の支配を法律の法規創造力、法律の優位及び法律の留保に分けた。
2 　彼は、カメラリズムの立場から、国家とは、人格的な統一にまで高められた共同体であるとし、社会とは対立することがないとした。
3 　彼は、憲政とは、国民の多様な意思の中から統一的な国家意思を形成する形式であり、個々の国民は国家意思を形成する過程には参加しないとした。
4 　彼は、行政とは活動する憲政であり、行政なき憲政は無内容であり、憲政なき行政は無力であるとした。
5 　彼は、行政は公共の福祉のために存在すると主張し、君主による国民の生活への規制を正当化した。

PointCheck

◉シュタイン行政学……………………………………………………………………【★★☆】

⑴シュタイン行政学の時代背景

　L.V. シュタイン（1815 〜 90 年）は、官房学を集大成し、後のドイツ公法学への橋渡しを行う役割を担うとともに、独自の立場から行政学の体系的な展開を試みた。

　シュタインは、国家はそれ自体が自我と意思と行為を持つ人格にまで高められた共同体だとする。このような国家の定義は、彼が置かれた時代状況を反映するものであった。すなわち、19 世紀市民革命を経たフランスなどの当時の先進国においては、市民が自由を謳歌し、資本主義が国家の基盤として発展していった。その反面、「持てる者」と「持たざる者」との格差が急速に広がり、それを救済するものは国家をおいてほかに求めることができないという状況だったのである。そのような時代にシュタインは、国家には次のような「憲政」と「行政」という 2 つの原理があると主張した。

⑵憲政概念と行政概念

　①憲政：国家意思の形成のこと
　　シュタインは、国家意思の形成には個人の参加が承認されており、国家が無制限の支配権を持つものではないとした。
　②行政：憲政によって限度と秩序とを与えられた国家の労働のこと
　　国家の労働とは、支配を行う行動とは区別された意味の活動であり、人格全体の意思が他人格を傷つけることなく、あらゆる生活の諸要素の調和の達成を目指す時に発生する創造的行為のことであるとした。

⑶憲政と行政の関係

　①「行政なき憲政は無内容であり、憲政なき行政は無力である」

問題でPointを理解する
Level 1 **Q02**

第1章

第2章

第3章

第4章

第5章

第6章

第7章

このシュタインの言葉は、行政はあくまで憲政原理の単なる具体化過程を意味するのではなく、かえって憲政の具体的な価値そのものが行政の持っている現実的な価値によって規定されるものという関係にあることを示している（辻清明）。

②憲政と行政の二重関係

憲政と行政とは、一方的、一面的な関係にあるわけではない。それは「行政に対する憲政」と同時に「憲政に対する行政」という二重関係にある。

⑷行政の重要性

シュタインは、憲政を国民が多様な意思の中から統一的な国家意思を形成する「形式」であるとし、それは個々の国民の国家意思形成への参加を保障した「国家的自由」によって支えられるべきであるとする。そして、行政を「活動する憲政」「生きた憲政」ととらえる。それは、彼が社会につきものとなった不自由や不平等といったものを解決していくものとして、憲政に対し、行政が独自性と重要性を持っていると考えていたことを示している。

●ドイツ公法学 　理解を深める 　・・・・・・・・・・・・・・・・・・・・・・・・・・・・・・・・・・・・【★☆☆】

ドイツでは、19世紀になると官房学が衰退し、代わって登場したのが公法学である。ドイツ公法学の目標は、議会が制定した法に基づく行政である。これは、「法治行政原理」と呼ばれる。

ドイツ公法学は、官房学や警察学が主張したように、君主が恣意的に行政（警察権）を行使することを批判した。その主張は、行政に対する憲政の絶対優位である。

A02 　正解ー4

1−誤　法律による行政の原理の具体的内容を、法律の優位・法律の留保・法規創造力に分けたのは、シュタイン行政学後に成立したドイツ公法学である。また、法律による行政には、英米法系の「法の支配」ではなく、大陸法系の「法治主義」の概念が妥当する。

2−誤　シュタインは、国家と社会の対立関係を、「憲政」（社会による国家の統制）と「行政」（国家による社会の統制）に分けて説明している。

3−誤　憲政とは国家意思の形成であり、個々の国民がこの意思形成に参加することが認められることで、社会による国家の統制となりうるのである。

4−正　憲政は行政の価値によって実質的な内容を与えられ、逆に行政は憲政の価値によって支えられている関係を表している。

5−誤　共同の福祉の促進を「警察」の目標としたのは、J.ユスティである。当時の福祉とは、富国強兵を通して繁栄した国家を作り出すことにあり、今日のような、福祉国家原理や人権制約根拠を意味するものではない。

Q03 現代行政学の成立

問 現代行政学に関する次の記述のうち、妥当なものはどれか。 (地方上級類題)

1 ヨーロッパで発達した官房学、シュタイン行政学を批判的に検討し、それをふまえてアメリカで発達したのが現代行政学である。

2 現代行政学は行政理論と組織理論という2つの系統からなり、これらは常に結合しながら発展してきた。

3 W.ウィルソンは行政と経営の運営には類似性があることを指摘したが、政治と行政の分離までも主張したわけではない。

4 現代行政学が生まれる契機となったのは猟官制の破綻であり、行政の自律性を回復させようという時代的要請から現代行政学は誕生した。

5 猟官制は20世紀中頃まで続き、ペンドルトン法の制定によってメリット・システムが導入されるまでには多くの時間を要した。

PointCheck

●アメリカ行政学の展開 ・・【★★☆】

　ドイツの官房学とは無関係に始まったのが、アメリカ行政学である。当時のアメリカは、行政の非能率が問題となっており、それをいかにして克服するかという実践的な目的で行政学は始まった。

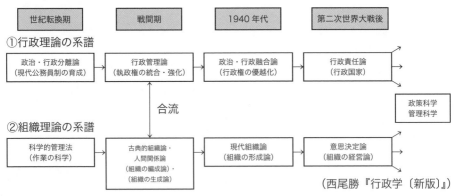

●アメリカ行政学の建学 ・・【★★★】

① W. ウィルソン	『行政の研究』(1887年)、「行政の領域は経営の領域」
② F. グッドナウ	『政治と行政』(1900年)

●**公務員制度の変遷**…………………………………………………………………【★★☆】

公務員制度は、各国の歴史・文化・政治状況などによって、さまざまな形態が存在する。ただし、一般的には情実任用制から資格任用制へと移行しているといえる。

(1)猟官制（スポイルズ・システム）

情実任用制の一種で、選挙における貢献度に応じて公務員を任用する制度である。この制度により、官僚制の出現を妨げ、民主主義を徹底させて権力集中を排除することができた。しかし、結果として政党が行政に介入し、腐敗・能率の低下などを招いた。

(2)メリット・システム

情実を排除して、専門資格と能力によって公務員を任用する制度である。腐敗・能率の低下を防止するために、スポイルズ・システムからメリット・システムに移行することになった。

主要国の近代公務員制度導入の契機

イギリス	1853年	ノースコート・トレヴェリアン報告
アメリカ	1883年	ペンドルトン法（情実任用に代え、資格任用を導入）
日本	1893年	文官任用令

知識を広げる

ノースコート・トレヴェリアン報告

イギリスにおいて、近代的な公務員制度を導入するきっかけとなった報告。17世紀イギリスでは、清教徒革命、名誉革命と短い間に2度の革命が起こり、その結果、共和主義のグループが力を得ることになる。彼らは、情実人事を採用し、国王に忠誠を誓う官僚団を自らに忠実な官僚団に変えようとした。しかし、時が経つにつれて、この情実人事の目的と効果に変化が見られ、時の政権党によって官界に自らの勢力を植え付けることを図るための手段に堕してしまった。

一方、19世紀後半、国家行政が複雑・多岐なものになり、プロフェッショナルな行政官が必要になると、情実人事の問題点が目立つようになった。そのために、1853年のノースコート・トレヴェリアン報告の勧告に基づいて、資格任用制と政治的中立性を基軸とする、新しい公務員制度が登場することとなったのである。

A**03** 正解―4

1―誤　現代行政学はヨーロッパの行政学とは全く別個に生まれてきたもので、官房学、シュタイン行政学とは何の関係もない。

2―誤　行政理論と組織理論とは時に結合し、あるいは分離しながら発展してきた。

3―誤　ウィルソンは、政治と行政とを分けて考える政治行政二分論を主張した（**Q04**参照）。

4―正　現代行政学は、政治と行政の腐敗の改革という現実的要請から生まれた。

5―誤　ペンドルトン法が成立し、メリット・システムがとられたのは1883年である。

第1章
第2章
第3章
第4章
第5章
第6章
第7章

Q04 現代行政学の展開

問 現代行政学に関する次の記述のうち、妥当なものはどれか。 （国家一般）

1　アメリカでは、1883年にペンドルトン法が制定され、情実任用制に替えて資格任用制が導入されたが、アメリカでは、依然として、公務員の政治任命は残っている。
2　技術的行政学は能率を重視する学派であるが、その能率とはディモック等が主張した社会的能率の概念である。
3　技術的行政学は、政党政治が行政を統制すべきだとして政治・行政融合論の立場を取っている。
4　機能的行政学はアメリカの行政国家化に伴って台頭してきたものであるが、その代表的論者としてはウィルソンやグッドナウ等が挙げられる。
5　機能的行政学は、経営学の成果を取り入れて、行政の善し悪しを判断する尺度として能率の概念を導入し、自らの学派を正統派と称した。

PointCheck

◉**行政理論の第1段階（19世紀末〜20世紀初頭）** ……………………………【★★★】

⑴**背景**…政治・行政の腐敗と猟官制の破綻

　　当時のアメリカの公務員制度＝猟官制（スポイルズ・システム）

　　→大統領選挙に勝利した政党が公務員のポストを独占

　　→政治的な情実（コネ）による採用

　　⇒行政が政党の意向に左右されて腐敗し、非能率化

⑵**政治行政二分論（分断論）**

　　行政を、政治が決定した政策を機械的に実行する手段、つまり技術的遂行過程と考える。

　　⇒政治の行政への過剰な介入を排除し、政治と行政とを分けて考えようとする。

　　〔代表的学者〕

　　W. ウィルソン『行政の研究』（1887年）

　　　行政は政治の固有の領域の外であるとし、経営の領域にある行政の能率化のためのメリット・システムの導入を正当視した。

　　F. グッドナウ『政治と行政』（1900年）

　　　行政独自の機能を、政治の干渉から独立させる。

◉行政理論の分類……………………………………………………【★★☆】

⑴技術的行政学（行政手段の技術的合理性を研究）
第１段階　政治行政二分論（ウィルソン、グッドナウ）
↓　経営管理理論の応用
第２段階　行政管理論
→能率学派（ホワイト、ウィロビー）
正統派（ギューリック）
↓行政国家の進展（ニューディール政策）、今までの行政学への批判

⑵機能的行政学（政治と行政を連続過程ととらえ、現実の行政変化に対応する研究）
第３段階　政治行政融合論（ワルドー、サイモン、ダール）

知識を広げる

19 世紀アメリカの猟官制（スポイルズ・システム）の経緯

猟官制成立の背景には、アメリカ民主主義の草創期の公務員登用についての考え方と、アメリカ政党と選挙の関係がある。第３代大統領ジェファーソンは、反連邦・分権派としては初の大統領であったため、同じ政治的立場の人々を優先的に新たに公務員に採用し、自らの政策を実行しようとした。

また、民主党初の第７代大統領ジャクソンは、官僚登用に対する西部の不満にこたえ、腐敗・汚職追放の目的で、身分や能力によらない大幅な人事の刷新を行った。アメリカの政党は当初から、公選職候補者の選定と集票が最大の目的であり、２大政党制の反映として、当選後はすべてのレベルの政府の任命職の人事にまで深く関与し、報復的な人事刷新を繰り返したのである。

この慣行は、1883 年のペンドルトン法の制定まで続くことになる。同法の制定以来、アメリカでは、資格任用制を適用する官職の範囲は徐々に拡大してきている。しかし、猟官制の伝統は、アメリカの公務員制度では現在でも依然として根強いとされ、大統領の代替わりに際しては、多くの官職の入れ替えが行われているのである。

A04　正解－１

１－正　妥当である。現在でもアメリカでは、政権が替わるたびに幹部職員を含め公務員の入れ替えが行われる。
２－誤　技術的行政学が説く能率は、投入・産出比率をもって算定する機械的能率の概念である。
３－誤　技術的行政学は、政治行政二分論を採る。
４－誤　ウィルソンやグッドナウ等は、技術的行政学の学派に属する。
５－誤　正統派行政学を自称したのは、技術的行政学（ギューリック）である。

Q05 技術的行政学

問 アメリカ行政学に関する記述として、妥当なのはどれか。 （地方上級）

1 　グッドナウは、狭義の行政には、準司法的機能、執行的機能、行政組織の設立及び保持にかかわる機能の3つがあるとし、執行的機能だけが政治の統制に服し、それ以外は服すべきではないとした。

2 　ホワイトは、自らもニューディール政策に関わった経験から、政治と行政の連続性を指摘し、行政とは政策形成であり、多くの基本的政治過程の一つであるとした。

3 　ウィルソンは、行政は、ビジネスの領域にはなく、政治固有の領域の中にあるとし、行政研究の目的の一つは、最大限可能な能率及び金銭と労力との最小コストを発見することにあるとした。

4 　ウィロビーは、正統派行政学の諸原理は、諺のように、相互に矛盾する対のようになっているため、いずれの原理に従うかによって正反対の組織改善になるにも関わらず、そのいずれを指示するかの理論を有していないとした。

5 　サイモンは、能率はそれ自体問われるべき価値ではないとし、能率という純粋概念の追求の限界を指摘するなかで、何のための能率であるのかを問う必要性を提起した。

PointCheck

●技術的行政学の登場 ‥‥‥‥‥‥‥‥‥‥‥‥‥‥‥‥‥‥‥‥‥‥‥‥【★★☆】

　ジャクソニアン・デモクラシーの頃に確立した猟官制（スポイルズ・システム）は、権力の集中を防ぎ、民主主義を徹底する点に意義があったが、結果として行政が政党の意向に左右されることで腐敗し、非能率化した。

　そこで、政党政治と行政を分離し、行政は政策の技術的遂行過程にすぎないものとすることによって、行政から政治を排除することを求める意見が台頭した。「行政は政治の固有の領域の外であり、経営の領域である」としたのはW.ウィルソンである。

　技術的行政学では、能率の概念が最も重視され、F.テイラーの科学的管理法（**Q06**参照）を行政に導入し、行政の能率化を図った。この能率観は機械的能率と呼ばれ、最小のコストで最大の効果を上げることを目標とした。

●現代行政学の系譜 　繰り返し確認 ‥‥‥‥‥‥‥‥‥‥‥‥‥‥‥‥‥【★★☆】

　現代行政学（アメリカ行政学）は行政理論と組織理論という2つの系統からなる。
　　行政理論の流れ：政治行政二分論 → 行政管理論 → 政治行政融合論
　　組織理論の流れ：古典的組織論 → 新古典的組織論 → 現代組織論
　ギューリックのPOSDCORB（ポスドコルブ）行政学は、古典的組織論からの主張であり（**第3章**参照）、行政理論と組織理論は、相互にさまざまな影響を及ぼし合いながら、時に結合し、あるいは分離しながら発展していく。

▼**行政理論と組織理論の関係**

	行政理論	組織理論
技術的行政学	政治行政二分論 ↓ 行政管理論	← → 古典的組織論 ↓
機能的行政学	↓ 政治行政融合論 ← →	新古典的組織論 ↓ 現代組織論

●**行政学の発達**……………………………………………………………【★★★】

技術的行政学の時代	1887	形成期	『行政の研究』W. ウィルソン
	1900		『政治と行政』F. グッドナウ
	1926	正統派の登場	『行政学入門』L.D. ホワイト
	1927		『行政の諸原理』W. ウィロビー
	1937		『管理科学論集』ギューリック編著　POSDCORB 行政学
機能的行政学の時代	1945	挑戦期	『巨大民主主義』P. アップルビー
	1947		『行政の科学ー3つの問題』R. ダール
			『行政行動論』H. サイモン
	1948		『行政国家論』D. ワルドー
現代の行政学	1960 年代		一体性の危機 (crises of identity)
	60〜70 年代初		「新しい行政学」運動

第1章
第2章
第3章
第4章
第5章
第6章
第7章

A05 正解ー1

1ー正　二分論に立つグッドナウは、政治が行政を統制するのは、行政が政治の決定した国家意思を執行する場合に限られると考えた。

2ー誤　「政治と行政の連続性」を主張したのはアップルビーである（**Q7** 参照）。正統派に属するホワイトは、行政を国家目的達成のための「管理」作用と考えた。

3ー誤　ウィルソンは行政を、政治固有の領域外のビジネス領域にあるとし、そのために最大限可能な能率および金銭と労力との最小コストの発見が行政の目的だとした。

4ー誤　正統派行政学の矛盾を指摘したのはサイモンである（**Q15** 参照）。ウィロビーは、真の能率を達成する「科学」としての行政学を提唱した。

5ー誤　行政は本質的に規範的なものであるため、何のための能率であるかが問題であると考えたのはワルドーである（**Q07** 参照）。

Q06 正統派行政学

問 行政理論に関する次の記述のうち、妥当なものはどれか。 （国家一般類題）

1 正統派の代表的学者はL.D.ホワイトとW.F.ウィロビーであり、基本的善は能率とする立場を批判し、能率概念を行政には適用すべきでないと主張した。
2 政治と行政とを連続した過程ととらえるのが政治行政融合論であり、その代表的学者がD.ワルドー、H.サイモン、F.テイラーである。
3 R.ダールは価値の問題、人間行動の問題、行政と社会的背景との関連から一般性や原理をみいださなければ行政の科学は成立しないと主張した。
4 D.ワルドーは、政治行政二分論や行政管理論はその理論が相互に矛盾すると批判した。
5 H.サイモンは、政治行政二分論のイデオロギー性を批判し、政治と行政には不可分な関係があると述べた。

PointCheck

◉**行政理論の第2段階（戦間期）** ……………………………………………………【★★★】
科学的管理法の発達を政治行政二分論へ応用した。

⑴**背景**……科学的管理法の行政への導入

　アメリカ行政学が発達をみたのと同じ20世紀初頭の頃、民間企業ではF.テイラーによる科学的管理法と呼ばれる経営管理理論が発達した。これは、企業における経営の合理化と能率の向上を目指すものである。最小の労力と時間でいかにして最大の生産効果を上げるかという観点から、課業管理や機能別職長制などの考えを提唱した。

　こうした経営管理の理論は、行政と経営を同じものと考え、行政を政策の単なる技術的遂行過程だとする政治行政二分論にも応用できるとして取り入れられることになる。

⑵**行政管理論**

　政治行政二分論を前提として、これに科学的管理法を採り入れて発展させた新しい行政理論が、行政管理論である。行政管理論は、技術的行政学の正統派（オーソドキシー）と呼ばれ、特に能率を重視した立場を能率学派と呼ぶ。なお、行政管理論は政治行政二分論を前提に発展させたもので、政治行政二分論を否定したものではない。

　〔代表的学者〕

　能率学派…能率の概念を行政にも適用しようとする。

　　L.D.ホワイト『行政学入門』（1926年）

　　W.F.ウィロビー『行政の諸原理』（1927年）

　正統派（オーソドキシー）

　　L.H.ギューリック

　　・執政長官の職務（POSDCORB）

　　・基本的善は能率である

● **F.W. テイラーの経営管理理論** ……………………………………………………【★★☆】

　最小の労力と時間でいかにして最大の生産効果を上げるかを研究目標として、そのための唯一最善の方法の発見・確立を目指した。

　→行政と経営を同じものと考え、政治行政二分論にも応用。

⑴課業管理

　・作業の標準化……… 動作研究と時間研究を行い、労働者の１日の作業量を決定。

　・差別出来高払い制… 標準作業量を達成した者ほど高い給料を与える。

　・統制………………… 標準化された作業を合理的に組み合わせる。

　　　　　　　　　　　→目的を能率的に達成できるように職務を配列。

　・協同………………… 統制に基づく組み合わせを各人に認識させ、責任をもって職を果たさせる。

　　　　　　　　　　　→標準化された作業を構成員に配分する際の配慮。

⑵機能別職長制

　組織を、計画部門と執行部門に分離。

　さらに機能別に細分化してそれぞれに職長を置き、管理機能を担当させる。

A06 　正解─３

１－誤　「基本的善は能率」としたのは、L.H. ギューリックである。L.D. ホワイトとW.F. ウィロビーは、ギューリックと同じ正統派に分類されるが、主に行政学へ能率概念の導入を主張したため、特に能率学派とも呼ばれる。ただ、正統派行政学とは、行政管理理論に基づく技術的行政学を指すので、ホワイトやウィロビーの主張も含めて考えられる。

２－誤　政治行政融合論を唱えたのはD. ワルドー、H. サイモン、そしてR. ダールである。彼らによって行政学は機能的行政学の段階に入る。工場技師であったF. テイラーは科学的管理法を提唱、経営マネージメントの基礎を築き、技術的行政学二分論の理論的基盤となった。

３－正　R. ダールが「行政の科学─３つの問題」において主張した内容である。ダールは、本肢にある３点（能率を価値とする、機械的な人間観、社会的背景の無視）から正統派行政学を批判した。

４－誤　本肢はH. サイモンが「行政の諺」と題する論文で主張した内容である。ワルドーは肢５のように、正統派・二分論のイデオロギー性を批判し政治行政の融合を論じた。

５－誤　本肢はD. ワルドーが『行政国家』において述べた内容である。サイモンは肢４のように、正統派が科学たりえないと批判した。

第1章

第2章

第3章

第4章

第5章

第6章

第7章

Q07 政治行政融合論・機能的行政学

問 政治・行政融合論に関する記述として、妥当なのはどれか。 （地方上級）

1 政治・行政融合論とは、ニューディール政策以降、アメリカの立法府が行政府に対して指導力を発揮し、立法権が行政権に対して優越化した中で唱えられた考え方をいう。

2 政治・行政二分論では、行政は政治と区別される固有の領域であるとしたのに対し、政治・行政融合論では、政治と行政との関係は分離されるものではなく、整合的、連続的であるとした。

3 アップルビーは、行政は政策形成であり基礎的な政治過程の一つであるとし、政策形成は自律的かつ排他的なものであるとした。

4 ダールは、従来の行政学をアメリカ独特の政治的及びイデオロギー的事実と不可分に結びつく政治的理論であるとし、能率の教義を批判した。

5 ワルドーは、規範的価値の明確な位置づけ、人間行為の経験的分析及び比較研究による一般化への努力がなければ、行政の科学は成立しないと説いた。

PointCheck

◉行政理論の第三段階（1940 〜） ……………………………………………【★★★】

⑴背景…行政の現実の変化＝行政国家現象

1940 年代になると、それまでの政治行政二分論と、それを前提とする行政管理論が批判され、これとは全く違った行政理論が登場してくる。

その背景にあるのが、行政の現実の変化である。アメリカでは世界恐慌を克服するためのニューディール政策以降、行政が国民生活のあらゆる領域に介入し、それまでは政治の領域とされた法律の立案（立法）や政策を、行政自らが決定する場面が多くみられるようになり、もはや政治と行政とを分けて考えることができなくなった。その結果、政治と行政とを連続した過程としてとらえることが必要になってきたのである。

これが「行政国家」化の進展であり、国家の変質がそれに見合った新しい行政理論を登場させることになる。

⑵機能的行政学

アメリカの行政国家化に伴い、正統派行政学の政治行政二分論は、現実を正しくとらえていないと厳しく批判されるようになった。ここに正統派への挑戦の時代が始まる。ニューディール政策に参画したことのある P. アップルビーなどが、先頭に立って論陣を張っていった。

『巨大民主主義』や『政策と行政』を著したアップルビーは、行政管理と経営管理は同列に論じることはできないとし、政府は他の社会的行為とは本質的に異なると指摘した。また、行政の活動と政策決定の間には連続性があるとして、二分論を糾弾したのである。

正統派への挑戦は、価値中立的な行政管理論にも向けられ、D. ワルドーによって正統

派原理のイデオロギー性が暴露され、H.A. サイモンは科学性の不徹底を非難した。特にワルドーは、行政は本質的に規範的なものであり、何のために能率的かが問題であるとした。また、R. ダールは従来の行政学を批判して価値の問題、人間行動の問題、あるいは行政と社会的背景との関連から、一般性や原理性をみいださなければ行政の科学は成立しないと主張した。

そして、正統派の機械的能率観に代わるものとして、M. ディモックは社会的能率観を、ワルドーは二元的能率の概念を提示する。

さらに、1940 年代初めの「責任論争」では、C. フリードリッヒが二分論に批判的な立場から、行政裁量の増大という現実の中では、専門的知識を応用し、国民に対して直接応答するべきであるという内在的責任論を展開した。

知識を広げる

ニューディール政策

　1929 年 10 月に始まった大恐慌は、アメリカ全土に深刻な影響を及ぼした。ニューディール政策は、アメリカの経済社会を回復させることを目的に、アメリカ大統領 F. ルーズベルトのイニシアティブの下、1933 年から実施された一連の政策を指す。アメリカは従来、自由放任主義が基本とされてきたが、この政策の採用はそれを変更し、連邦政府の権限が大幅に拡大することを意味した。これ以降、「行政国家」現象が進展し、政治と行政を分離して考えることが実態に合わなくなり、政治行政融合論・機能的行政学が登場することになる。

　　▼ニューディール政策の主な内容
　　　①失業者の救済
　　　②疲弊した農民の救済
　　　③政府による、銀行に対する統制
　　　④公共投資を始めとする社会政策の導入
　　　⑤労働者の権利保護

A07　正解ー2

1 －誤　世界恐慌から経済復興を成し遂げるためには、行政府の強力な政策によるリードが必要であり、行政と政治（立法）を融合した行理理論が登場したのである。

2 －正　行政が国民生活に直接かかわり、迅速かつ機動的に政策を実現するためには、政治と行政が不可分の連続した過程である必要があるのである。

3 －誤　「政策形成は自律的かつ排他的」というのは行政が分離独立していることを意味するが、アップルビーは政治と行政の関係は整合的で連続性があるとした。

4 －誤　能率は目標に依存するものとして二元的能率概念を提示し、従来の正統派行政学を本肢のように批判したのは D. ワルドーである。

5 －誤　規範的価値、人間行動の分析、一般化・原理化への努力がなければ、行政の科学は成立しないと主張したのは、R. ダールである。

Q08 技術的行政学・機能的行政学

問　行政学理論に関する次の記述のうち、妥当なのはどれか。　　　　　(国家一般)

1　政治と行政の関係について、W. ウィルソンは、政治の任務と行政の任務の違いを明確に認識して両者を区別し、官僚による政治への介入を抑制すべきとする政治・行政の分離論を唱えた。一方、F.J. グッドナウは、官僚が政策の実施機能だけでなく立案機能をも担うようになり、政治家と官僚が協働して政策を形成している中にあっては、政治と行政は一体のものとして理解すべきだとする政治・行政の融合論を主張した。

2　行政活動の能率について、H.A. サイモンは、ある活動に投入された努力と、その活動から産出された成果との対比を能率と呼んだ。これによれば、最小の努力をもって最大の成果をあげる方法が最も能率的な方法となる。一方、C.I. バーナードは、組織活動の有効性と能率性を区別した上で、能率性とは、職員をはじめとして広く組織活動に貢献している人たちが感じている満足の度合いのことであるとした。

3　古典的組織論の代表的論者 F.J. レスリスバーガーは、組織を構成する要素は職員ではなく職務であり、組織の合理的な編成とは、全職務を合理的な体系に組み立てることであるという組織均衡の理論を提示した。一方、現代組織論の代表的論者 L. ギューリックは、組織を人間行動のシステムとしてとらえ、組織の構造よりもその作動に着目するとともに、職員相互間の意思伝達（コミュニケーション）の在り方を組織分析の鍵概念とした。

4　A. エチオーニの混合走査法モデルによれば、人間は、大枠の決定については C.E. リンドブロムのいう漸増主義的な決定を行うが、大枠の範囲内の部分的な決定については、最善の選択肢を選ぶために綿密な分析（混合走査）を行うという。一方、H.A. サイモンの満足化モデルによれば、人間は、能力の限界と決定に至る費用を節約するため、最善の決定を目指すのではなく、自ら一定の満足水準を設定し、それを満たす選択肢の採用を目指すという。

5　官僚制に対する批判として、C.N. パーキンソンは、公共部門の財政支出は経済の成長率を上回る速度で膨張し、行政職員数はその業務量にかかわりなく一定の比率で増大していくと述べ、その非効率性を指摘した。一方、R. マートンは、杓子定規の形式主義、繁文縟礼、法規万能主義、縄張り主義、権威主義など、行政職員に特有の行動様式を体系的に考察し、これらを「少数支配の鉄則」と呼んで批判した。

PointCheck

◉技術的行政学の学者･･･【★★☆】

　F. グッドナウは、当時政治学の一部であった行政学が、伝統的な制度的アプローチから機能的アプローチへ転換すべきだとした（機能的行政学の源流）。政治による行政は正当かつ必要な限度にとどめられ、政治とは結びつかず自由裁量の認められるべき種類の行政があるとし、政府による強力な統制はかえって腐敗や不公平・非能率を生むと主張した。

問題でPoint を理解する
Level 2 **Q08**

第1章
第2章
第3章
第4章
第5章
第6章
第7章

L.D. ホワイト以降の技術的行政学は、D. ワルドーによって正統派（オーソドキシー）の時代の行政学と呼ばれた。ホワイトは、科学的管理法の影響の下、「行政とは、国家の諸目的の遂行における人と物の管理である」と述べた。行政組織について集権の原理（中央集権）や統合の原理（行政委員会の首長への従属）を、人事行政について公開試験任用制度（成績主義）や格付けと俸給の標準化を論じている。

W.F. ウィロビーの『行政の諸原理』は、財務（予算・会計・監査）の原理に関して詳しいのが特徴で、「行政の科学」への志向が顕著である。ウィロビーは、五権分立論（「立法」「執行」「司法」の三権に、「選挙権」と、執行から独立した「行政権」を加えた）を提唱したことでも知られる。大統領の執行権と行政府の行政権を分離する考え方だが、ウィロビーは議会を重役会に見立て、総支配人としての大統領への権限集中を説くので、五権分立論は大統領の権限縮小につながるものではない。

L.H.ギューリックとL.アーウィックの共編著『管理科学論集』は、ブラウンロー委員会の研究スタッフのために重要論文を収録したものである。ギューリックの「組織に関する覚書」を筆頭に、H.フェイヨール、M.フォレット、E.メイヨーなどの論文が続き、ギューリックの「科学・価値・行政学」をもって終わる。

◉ブラウンロー委員会（行政管理に関する大統領委員会）　理解を深める ……………【★☆☆】
1936年に連邦政府の行政管理について調査し大統領に勧告することを任務として、F.ルーズベルト大統領によって設置された。メンバーは、委員長のルイス・ブラウンロー、C.メリアム、L.H.ギューリックの3人。委員会は37年に報告書を提出し、大統領の行政管理能力の改善の必要性を指摘し、それに向けた具体的政策を提示した。同委員会の提言は、その後の大統領府の創設につながるものであった。

Level up Point! 技術的行政学と機能的行政学の対立点の比較は確実に暗記しよう。特に気をつけたいのは、各論者で微妙に異なる「行政」や「能率」などの基本概念を問われる場合である。

A**08** 正解―2

1－誤　分離論は、「政治による行政への介入」の排除を目指すものである。また、F. グッドナウも、政治と行政の機能的分離を主張する立場にある。

2－正　サイモンとバーナードの能率概念の違いを再確認しよう（**Q27** 参照）。

3－誤　レスリスバーガーはホーソン実験を行った人間関係論・新古典組織論の論者であり、ギューリックは行政管理論・技術的行政学の論者である。

4－誤　エチオーニは、重要な政策とその他の政策で立案・決定の手法が使い分けられるとし、少数の重要な政策は合理的選択を行い、それ以外の多くの政策は漸増主義的な決定（インクリメンタリズム）が行われるとした（混合走査モデル）。

5－誤　財政支出が経済成長を上回るとしたのは、パーキンソンではなくワーグナーである。また、マートンの批判は「官僚制の逆機能」と呼ばれている（**Q43** 参照）。

Q09 行政理論と日本の行政

問 行政理論と日本の行政に関する次の記述のうち、妥当なのはどれか。 (国家一般)

1 ウィルソンやグッドナウが提唱した政治行政分断論は、党派政治の介入から自由な、その意味で「政治」から分断された「行政」独自の領域を設定しようとするもので、いわゆるジャクソニアン・デモクラシーを理論的に支えた主張であった。我が国において官僚が国会議員と接触することを原則として禁止する旨を定めた国家公務員制度改革基本法は、政治行政分断論の趣旨と整合的といえる。

2 ギューリックが提唱したPOSDCORBは組織のトップが担うべき七つの機能を示したものであり、そのうちの「B」は予算編成を意味している。彼の提案を受け、米国では大統領府が設置され、予算編成機能は大統領府に移管された。我が国では、予算編成を担当する主計局を内閣や首相直属の機関へと移管する構想が幾度か打ち出されてきたが、この組織再編は実施されていない。

3 ピーターソンらは、手厚い福祉政策を実施している地方政府に人々が吸い寄せられて集まる状況を「福祉の磁石」と表現し、福祉政策の拡充は人口増をもたらし、地域の発展につながるとした。ゆえに、全国的に福祉の水準を向上させるには、福祉政策を地方政府に委ね、地域間の競争を促すことが効果的であると主張した。彼の主張は、介護保険の分野をはじめとして、福祉政策の分権化を推進している近年の我が国の動向と整合的である。

4 古典的組織論のライン・スタッフ理論におけるスタッフは、軍隊における参謀にならい、管理者を補佐してこれに対する助言・勧告を行うものの、命令を発し、決裁するなどの統制権は持つべきでないとされる。我が国の各府省における大臣官房の組織は、大臣に対して助言と勧告を行うことを任務とし、他の部局に対する各種の統制権を行使していないので、古典的組織論におけるスタッフの典型例といえる。

5 ディモックは、能率とは、ある活動への投入（input）と産出（output）の対比であるとする機械的な能率観を批判して、真の能率とは、組織活動に対する職員や消費者の満足感によって決まるという社会的能率観を提唱した。我が国の会計検査では、近年、合法性の規準に加えて経済性、効率性、有効性の三規準が導入されているが、そのうちの効率性の規準は、ディモックが主張するところの社会的能率観と同義である。

PointCheck

●福祉の磁石効果······【★★☆】

　地方分権が進展し自治体独自の福祉政策を行うとすると、住民は高福祉の自治体を選択し他地域からの住民の流入が増加する。これにより自治体間のサービス競争が生じ、自治体の支出は増大していく。特に低所得者が流入し、高負担を避ける高額所得者や企業が転出するため、自治体の財政は逼迫すると考えられる。このような高福祉の自治体に低所得者が引きつけられることをP. ピーターソンは「福祉の磁石（Welfare magnet）」と呼び、最終的に

問題でPoint を理解する
Level② Q09

第1章
第2章
第3章
第4章
第5章
第6章
第7章

自治体では福祉・再分配政策に取り組めないことが予想されるため、福祉政策の実施は中央政府によって行われるべきと主張した。

●国家公務員制度改革……………………………………………………【★★☆】

時代の変化に対応した行政サービスを実施し、国民に信頼され誇りを持ち職務を行えるような国家公務員制度改革を推進するため、平成19年「国家公務員法等の一部を改正する法律」、平成20年「国家公務員制度改革基本法」が制定された。これにより、①能力・実績主義の人事管理の徹底、②官民人事交流の推進など多様な人材の確保・育成、③再就職情報の内閣での一元管理に関する事務等による退職管理の適正化といった取組みが進められた。

平成24年の政権交代後は、改革の方向性についての再検討が行われ、平成25年7月の国家公務員制度改革推進本部の設置期限を期に、(1)幹部人事の一元管理、(2)幹部候補育成課程、(3)内閣人事局の設置、(4)国家戦略スタッフ・政務スタッフ、(5)その他の法政上の措置の取扱いに関する機動的な運用が可能な制度設計を再度行うとした。また、新たに行政改革推進本部の下に国家公務員制度改革事務局を設置し、引き続き国家公務員制度改革の検討を行うこととし、平成26年4月「国家公務員法等の一部を改正する法律案」が成立、人事管理に関連する制度について企画立案・方針決定・運用を一体的に担う内閣人事局を設置している。

 Level up Point !
行政理論と理論の具体化としての行政組織の現実を組み合わせた出題で、従来の学者とキーワードの組合せだけでは解けない良問である。単元の複合的な理解と柔軟な判断力が問われている。日頃から行政関連のニュースを理論的な視点から考える態度が必要である。

A09 正解－2

1 －誤　ジャクソン大統領は猟官制を完成させたと評価され、この政治の介入を排除しようとするのが分断論である（**Q04** 参照）。国家公務員制度改革基本法5条3項は官僚と議員の接触「禁止」ではなく、記録の作成・保存・管理などの「透明化」あるいは「制限」である。

2 －正　内閣主導の予算編成を目指すため、主計局の内閣府等への移管が検討されたが、財務省の反対で実現していない。ギューリックの POSDCORB 理論の7つの機能についてはできる限り暗記しておこう（**Q21** 参照）。

3 －誤　地域間の競争による福祉政策の拡充で流入人口が増加し、地方政府の財政支出は増大する。この福祉の磁石効果とは、福祉政策を地方政府ではなく中央政府の管掌とすべきことを提唱するものであり、分権推進とは逆の主張である。

4 －誤　前半のライン・スタッフに関する記述は正しい。大臣官房は、各府省の総合調整を行う部局であり、他の部局を含めた組織管理をする権限を有する。一般的に部局ラインの筆頭部局にあるとされる。

5 －誤　効率性（能率性）は、投入された資源と産出された効果との比率で評価するものであり（**Q27** 参照）、ディモックの「満足感」を基準とする社会的能率とは異なる。

Q10 政治と行政の関係

問 政治と行政の関係に関する次の記述のうち、妥当なものはどれか。 （国家一般）

1 L. シュタインは、行政が憲法に対立する関係だけでなく、憲政が行政に対立する関係も確立すべきであると論じた。彼は、行政能率と民主主義との間には緊張関係が必要であり、理想的な官僚制組織は、行政能率よりも民主主義を優先させるべきであると主張した。

2 W. ウィルソンや F. グッドナウによって主張された政治行政二分論とは、政策の企画・立案は政治に任せるが、政策の実施は行政に任せるべきとする考え方である。行政管理論は、この考え方を基に発達した、政策実現のための理論である。

3 政治・行政融合論とは、D. ワルドーや H. サイモンによって主張された考え方である。この考え方によれば、現実の政策形成過程においては、専門知識を持つ行政が素人の集団である政党よりも優位に立つとされる。そのため、価値としての能率が重要視された。

4 C. フリードリッヒの予測的対応の理論によれば、行政が提案した政策を議会が通常否定することがないのは、行政が議会の真意について予測しているため、と説明される。予測的対応がなされる場合、行政は議会の権威を承認していることになる。

5 T. ローウィは、多元主義の立場に立ちながらも、行政の重要性を指摘した。彼のいう利益集団自由主義とは、社会の中にあるさまざまな利益集団が議会に自由に影響力を行使できるように行政は統治すべきであるという主張である。

PointCheck

◉ T. ローウィの議論 ……………………………………………………【★★★】

ローウィは、多元主義の観点から行政が重要と考えた。彼は、行政に自由裁量が与えられたことで、行政が諸利益と結びつく傾向があると指摘し、その結果、多元主義政治の中では政府は統一性を持ち得ないとする。すなわち、行政の諸機関は自己の存在と発展を図ろうと社会の諸権益と結託し、その上で議会のグループと同盟関係を形成すると考えたのである。

◉ 機能的行政学以後の行政学の系統（佐々木信夫） 理解を深める …………【★☆☆】
(1)行動論的な行政学（H.A. サイモン）

行政の組織行動を、行動科学によって開発されたコミュニケーション分析や意思決定パターンの分析を応用して考察する立場である。これは、管理科学的行政学が意思決定に関心を払わず、行政の執行方法に焦点を当てているという問題意識から出発している。

(2)政策科学的な行政学（Y. ドロア）

政策科学とは、政治学を含めた社会科学や自然科学などとの間に共同研究を組織することによって、科学的に政策問題の解決を目指そうとするものである。政策科学的な行政学の提唱者の一人であるドロアは、公共政策の形成分析にサイモンの理論を応用し、合理的意思決定の分析に公共選択の見方を導入するなど、新しいアプローチを提示した。

第1章

第2章

第3章

第4章

第5章

第6章

第7章

⑶**政治過程論的な行政学（A. ウィルダフスキー、C.E. リンドブロム）**

　行政の現象を考察するために、1つの政治過程として行政の政策決定過程をとらえるものが政治過程論的な行政学である。この立場は、多元主義の観点から、政治の諸集団によって引き起こされる紛争や対立および妥協などのダイナミックな過程に焦点を当てる政治分析の手法を、行政分析にとり入れたものである。

⑷**環境論的な行政学（F. リッグス、P. セルズニック）**

　従来の行政学は外的諸条件の変化と関連づけることなく、管理の枠内でのみ把握しようとする傾向がみられた。環境論的な行政学は、外的な環境と行政の相互作用を重視して分析する立場である。リッグスは、発展段階別に国家の行政機能を類型化し、行政活動を規定する環境要因として、経済・社会・象徴・コミュニケーション・政治の5つを挙げている。また、セルズニックは、ダイナミックな環境変化とそれに対する行政の適応に着目し、組織におけるリーダーシップの過程を研究している。

●**フリードリッヒの「予測的対応」の理論**……………………………………………【★★★】

　官僚の政策提案に対して議会が否認せず受け入れることが常態になっていると、それは官僚優位の証明であるとする従来の見方に、フリードリッヒは疑問を呈する。これを議会の権威が承認されたとみなすべきと主張するのである。議会が提案を覆さないのは、行政の側が議会の真意についてあらかじめ考慮し、提案をしているからであるという。それは、本人の利益になるように考えて代理人が行動するのと同じなのである。

Level up
Point!

　近年では、他の学問分野で生まれたさまざまな方法論を導入して、多様な学派が登場してきている。特に政治学との共通範囲で発展的理解が試されることになる。

A10 正解ー4

1ー誤　シュタインは、理想的な官僚制組織が、民主主義をその行政能率よりも優先するべきであるとはいっていない。彼はあくまでも「憲政と行政の二重の優位」を主張した。

2ー誤　ウィルソンは、行政の領域を「政治の固有の領域外にある」とした。一方グッドナウは、能率的行政を実現するための政治と行政との適切な関係のあり方を検討した。それゆえ、この両者を本肢のように同列に論じることはできない。

3ー誤　ワルドーやサイモンは、価値としての能率を重視する技術的行政学派を、それゆえに批判したのである。

4ー正　フリードリッヒの主張で重要なのは、行政責任の議論だけではない。

5ー誤　ローウィは、利益集団が自由に活動する場合に、政府の統一性が阻害される危険性があることを指摘している。

Level 1　p26 〜 p39　Level 2　p40 〜 p45

1 古典的組織論

Level 1 ▷ **Q11,Q12**

フォーマル組織を分析の対象とし、組織の能率的な管理を目的とする。　▶p26

〔代表的学者〕

　F. テイラー（科学的管理法）、L.H. ギューリック（POSDCORB 理論）、

　H. フェイヨール（企業活動と管理活動の理論）

(1) **H. フェイヨールの理論**　▶p28

　著書『一般産業管理論』(1916 年)

　企業の活動＝技術活動、商業活動、財務活動、保全活動、会計活動、管理活動

　管理活動の要素＝計画（予測）、組織、指揮（人事）、調整、統制

(2) **古典的組織論に対する批判**

　古典的組織論…人間を合理的な存在であると認識。組織の科学的管理を目指す。

　→人間を機械のように扱い、感情や欲求などの非合理的側面を無視していると批判。

2 新古典的組織論の登場

Level 1 ▷ **Q12,Q13**

背景…ホーソン実験　▶p30

　E. メイヨーや F.J. レスリスバーガーが、1924 〜 32 年にかけて、ウエスタン・エレクトリック社のホーソン工場で行った実験。

(1) **実験の目的**…作業環境の変化と生産性との関係を調べる。

(2) **当初の仮説**…照明などの物理的作業環境や賃金などの待遇改善が生産性を向上させる。

(3) **実験の結果**…生産性向上は、作業条件改善よりも組織内の人間関係が大きく影響する。

　・組織は、人間の非合理的感情や欲求・欲望に支配されている。

　・フォーマル組織内に自然発生するインフォーマル組織としての人間関係の重要性を指摘。

3 新古典的組織論の理論

Level 1 ▷ **Q13〜Q15**

(1) **新古典的組織論（組織を人間関係から考える人間関係論）**　▶p29

　分析対象：フォーマル組織におけるインフォーマル組織

(2) **E. メイヨー、F.J. レスリスバーガー**　▶p32

　集団は「能率の論理」で動くのではなく、「感情の論理」で動く。

(3) **M.P. フォレット**　▶p29　▶p34

　集団我と個人我を区別。現代の人間の創造精神は集団の組織を通じてのみ開発される。

4 組織をみるための基礎理論　　Level 1 ▷ **Q13**　Level 2 ▷ **Q18,Q19**

フォーマル組織とインフォーマル組織 ▶ p31

(1)**フォーマル組織**…職務・権限の体系。職務を能率的に遂行するために人為的に作り出されるもので、定形組織や公式組織とも呼ばれる。

　※フォーマル組織はさらにラインとスタッフ、独任制と合議制に分けて考えられる。

(2)**インフォーマル組織**…人間の体系。フォーマル組織の中に自然発生する人間関係に基づく組織であり、非定形組織、非公式組織とも呼ばれる。

5 現代組織論　　Level 1 ▷ **Q12,Q15〜Q17**　Level 2 ▷ **Q18〜Q20**

古典的組織論と新古典的組織論を統合する新しい組織理論。

(1) **C.I. バーナードの理論** ▶ p29 ▶ p36

　①組織…協働のシステム

　　フォーマル組織を重視しつつ、組織が適正に機能するためにインフォーマル組織も不可欠。

　②人が組織に貢献する理由

　　組織目的を受け入れることで、賃金や威信といった誘因を組織から受け取ることができるからとした（組織均衡理論）。

(2)**サイモンの理論** ▶ p35 ▶ p42

　著書『行政行動論』（1947 年）

　価値的決定と事実的決定

　①価値的決定…いかなる目標をどの程度達成するか。

　②事実的決定…ある集団を選択した場合、その目標をどの程度達成できるかの予測。

　→人が行う判断には価値判断と事実判断があり、組織においてはこの 2 つの判断を前提として意思決定を行う。

6 組織理論と行政理論の関係　　Level 1 ▷ **Q12**　Level 2 ▷ **Q20**

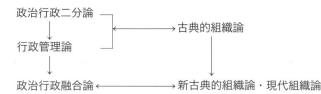

　政治行政二分論と行政管理論は古典的組織論と、政治行政融合論は新古典的組織論、現代組織論と影響を及ぼし合いながら発展した。

　→見方を変えれば、技術的行政学は古典的組織論、機能的行政学は新古典的組織論と現代組織論ということになる。

第1章
第2章
第3章
第4章
第5章
第6章
第7章

Q11 テイラーの科学的管理法

> 問 テイラーの科学的管理法に関する次の記述のうち、妥当なものはどれか。 （地方上級）

1 科学的管理法では、組織の構成員の意欲向上を図るために、組織の意思決定に参加することが必要とされている。

2 科学的管理法では、命令の一元性および連鎖の原則を管理の基本原則としている。

3 科学的管理法では、人間や組織に対する機械モデルの概念よりも、人間主義的な概念が支配的である。

4 科学的管理法では、組織の活性化を図るために、組織の構成員のインフォーマルな人間関係を重視すべきであるとされる。

5 科学的管理法では、組織を運営し目的を達成するために、事務の標準化や厳格な課業管理が必要とされる。

PointCheck

◉**組織理論の第一段階**··【★★☆】

　▼**組織理論の流れ**

　　古典的組織論→新古典的組織論→現代組織論
　　　　‖
　　フォーマル組織が分析の対象、組織の能率的管理が目的。
　　　┌テイラー（科学的管理法）、ギューリック（POSDCORB 理論）
　　　└フェイヨール（企業活動と管理活動の理論）

◉**科学的管理法**··【★★☆】

　19世紀末から20世紀初頭のアメリカの生産現場では、機械による大量生産が一般化した。それに伴い、複雑・巨大になった生産過程を効率的に運用するための管理法が望まれた。しかし、当時は依然として熟練工や職長の経験や勘に頼る管理が一般的であった。これに代わり、各種の科学的理論に基づいて提唱される、経営管理の方策、技術、組織制度に関する管理法が、一般に広義の科学的管理法といわれるものである。

◉**テイラー・システム**··【★★☆】

⑴**テイラー・システムとは**

　　F.W. テイラーが提唱した科学的工場管理の方法である。テイラーは、工場労働の時間研究による標準時間と作業量の設定、機能別職長制度（職能別職長制度）を提唱した。このテイラーの研究と F.B. ギルブレス（早くから管理工学を事業に適用し、動作研究の業績で有名。テイラーにも影響を与えたとされる）の管理法を合わせたものが、狭義の科学的管理法といわれ、しばしばテイラー・システムと呼ばれている。

(2)当時の状況

意欲向上の目的で出来高払いと能率給を併用する当時の賃金体系では、賃金高騰と賃金カットをめぐり、労使間で対立が激化していった。テイラーは、科学的手法によって作業を分析し、公正な1日の作業量である課業を設定し、労使双方が合意できる方法で賃金率を定めようとした。

(3)差別出来高払い賃金制度

テイラーは、分割した作業の時間を測定・標準化し、余裕率を乗じて標準時間とした。彼は、この標準時間によって1日のノルマを決定し、目標を達成した労働者には高い単価で出来高賃金を支払い、達成できない労働者には低い賃金率で支払う、というやり方を提唱した。

(4)課業管理

テイラーは、生産目標達成のため、課業管理といわれる指導・統制体制を発案した。課業管理と差別出来高払い制度によって、「目標設定－指導統制－成果の評価」という管理サイクル概念の原型ができたといわれる。課業管理は次のようなステップからなる。

①計画部門（生産計画・課業設定・訓練などを担当する）と生産現場部門との分離
②作業の細部を指示する指導票制度の導入
　現在の作業指示書の原型で、指導票どおりに作業を実行すれば課業が達成できる。
③職長を機能別に分業化した機能別職長制（職能別職長制組織）の導入
　準備係、速度係、検査係、修繕係、手順係などの担当職長を置く。

●テイラー・システムに対する批判……………………………………………………【★★☆】
①命令と統制による労働強化は人権無視につながる。
②科学的というよりも、むしろ疑似科学的である。
③労働者の性別・年齢を問わず、機械的に定量化・標準化している。
④計画と実行とを分離しすぎるため、労働が単純化する。

A11 正解－5

1－誤　科学的管理法は、作業を標準化することによって未経験者でも生産効率を上げることができるようにしたものである。意思決定は管理の仕事であって、作業とは区別される。

2－誤　科学的管理法は、機能別職長制を採用している。これは命令の一元性を否定することになる。

3－誤　科学的管理法は、標準作業量を決めて、それを作業員に行わせることになる。そのため、人間を機械的に扱うという批判がある。

4－誤　科学的管理法は、人間を機械的に扱うという批判がある。インフォーマルな人間関係を重視するのは、ホーソン実験（**Q13**参照）以降である。

5－正　事務の標準化を行うことによって、未熟練労働者でも生産効率を最大に上げられるようにする。

Q12 組織論の流れ

問 組織論に関する次の記述のうち、妥当なものはどれか。 （地方上級類題）

1 E. メイヨーは、集団は「能率の論理」で動くのではなく「感情の論理」で動くことを指摘し、フォーマル組織の整備の重要性を説いた。

2 C. バーナードは、人が組織に貢献するのは組織目的を受け入れ、賃金、威信といった誘因を組織から受け取ることができるからだと主張した。

3 フォーマル組織の限界を指摘し、インフォーマル組織の重要性を論じたのがマクレガーである。

4 C. バーナードは人が行う判断には価値判断と事実判断があり、いかなる目標をどの程度達成するかは事実判断の問題だとした。

5 現代行政学における組織理論は古典的組織論→新古典的組織論→現代組織論というように発展するが、これらはあくまで行政組織に関する理論である。

PointCheck

●組織理論の流れと範囲 ··【★★☆】

現代行政学において組織理論は、古典的組織論→新古典的組織論→現代組織論というように３つの段階を経て発展してきた。これらの理論は行政と民間企業とを問わず、すべての組織にあてはまるものである。

●古典的組織論 ··【★★☆】

現代行政学における最初の組織論は古典的組織論と呼ばれるもので、その代表的学者はF. テイラー、L.H. ギューリック、H. フェイヨールである。いずれもフォーマル組織を分析の対象とし、組織の能率的な管理を目的とした。

(1) H. フェイヨールの理論

H. フェイヨールは、著書『一般産業管理論』の中で、企業の活動を技術活動、商業活動、財務活動、保全活動、会計活動、管理活動の６つに分類し、さらに管理活動を計画、組織、指揮、調整、統制の５つの要素に分けた。中でも、統制はすべての事務が規則・指揮に従って進行するように確認することを意味し、これによって組織における命令の一元性が徹底されることになると重要視した。

(2) 古典的組織論に対する批判

古典的組織論に対しては、人間を合理的な存在であるという認識を前提として組織の科学的な管理を目指すあまり、人間を機械のように扱い、人間が持つ感情や欲求などの非合理的な側面を無視していると批判された。そして、人間は常に合理的な存在ではなく、組織はむしろ人間の非合理的な感情や欲求・欲望に支配されていることが現実に認識されるようになるにつれて、新たな組織理論が提唱されてくる。

第1章

第2章

第3章

第4章

第5章

第6章

第7章

●**新古典的組織論**··【★★★】

　ホーソン実験（**Q13** 参照）の結果生まれた新しい組織論が、新古典的組織論である。これはフォーマル組織におけるインフォーマル組織を分析の対象とし、組織を人間関係から考えていくもので、そこから「人間関係論」と呼ばれることもある。代表的学者は、E. メイヨーや F.J. レスリスバーガー、M. フォレットである。

⑴インフォーマル組織の分析

　E. メイヨーや F.J. レスリスバーガーは、集団は「能率の論理」で動くのではなく「感情の論理」で動き、インフォーマル組織の人間関係が重要であると指摘した。

⑵M.P. フォレットの組織理論

　M.P. フォレットは、著書『創造的体験』の中で、集団我と個人我を区別し、現代の人間の創造精神は孤立した自我（個人我）の中ではなく、集団の組織（集団我）を通じてのみ開発されるとし、組織における人間関係の重要性を指摘した。

●**現代組織論**··【★★★】

　新古典的組織論以後の組織論は現代組織論と呼ばれる。これはそれまでの古典的組織論と新古典的組織論とを統合する新しい組織理論で、その代表的学者が C.I. バーナードである。

⑴C.I. バーナードの協働システム

　組織を協働のシステムととらえ、フォーマルな組織を重視する。同時に、組織が適正に機能していくためにはインフォーマルな組織も不可欠であるとした。

⑵組織均衡・誘因貢献理論

　バーナードは、人が組織に貢献するのは、組織目的を受け入れ、賃金、威信といった誘因を組織から受け取ることができることによると主張した。

A12 正解―2

1 －誤　E. メイヨー、F.J. レスリスバーガーは、ホーソン実験の結果をふまえて、インフォーマルな人間関係の重要性を指摘した。

2 －正　C. バーナードの誘因貢献理論についての記述である。

3 －誤　本肢は、E. メイヨー、F.J. レスリスバーガーの主張についての記述である。D. マクレガーはX理論・Y理論を提唱した（**Q18** 参照）。

4 －誤　バーナードを継承したサイモンの主張に基づくものだが、「いかなる目標をどの程度達成するか」は、価値判断の問題である。事実判断の問題は、「その目標をどの程度達成できるか」の予測である（**Q15**、**Q19** 参照）。

5 －誤　組織理論は、行政と民間企業を問わず、すべての組織にあてはまる。

Q13 新古典的組織論

問 組織に関する次の記述のうち、妥当なものはどれか。 （国家一般類題）

1 インフォーマル組織はフォーマル組織の中に自然に発生する人間関係に基づく組織であり、これらは相互に排他的なものではない。
2 スタッフは執行権や命令権をもたず助言と勧告のみを行う機関であり、こうした概念は近年でも変わっていない。
3 ラインは組織における職務上の命令と権限の体系を指し、その起源はプロイセン軍の参謀本部に求められる。
4 ラインはフォーマル組織で、スタッフはインフォーマル組織においてみられるもので、それぞれ機能を効果的に分担している。
5 フォーマル組織内においても人間的なつながりが重要であるため、フォーマル組織は人間関係論といわれる場合がある。

PointCheck

◉組織理論の第二段階 ……………………………………………………………【★★☆】
　ホーソン実験＝人間関係の重要性の発見
　　↓
　新古典的組織論（人間関係論）＝インフォーマル組織が分析の対象
　組織を人間関係から考える
　・E. メイヨー、F.J. レスリスバーガー…集団は感情の理論で動く。
　・M.P. フォレット…組織における人間関係の重要性を指摘。

◉ホーソン実験 ……………………………………………………………………【★★★】
　古典的組織論に続く新しい組織理論が形成される直接の契機になったのが、ホーソン工場での実験、いわゆる「ホーソン実験」である。
　ホーソン実験とは、作業環境の変化と生産性との関係を調べることを目的とし、E. メイヨーや F.J. レスリスバーガーらによって 1924 年から 32 年にかけてウエスタン・エレクトリック社のホーソン工場で行われた実験をいう。
　ここで当初、彼らは照明などの物理的作業環境や賃金などの待遇改善こそが生産性の向上をもたらすという仮説を立てた。しかし、実験の結果明らかになったことは、環境や待遇などの作業条件の改善が生産性を直接向上させるのではなく、組織内の人間関係が能率に大きな影響を与えているということであった。
　フォーマルな組織の中に自然にできてくる人間関係、つまりインフォーマルな組織の重要性を指摘したのである。

● 組織をみるための基礎理論……………………………………………………【★★★】

```
組織 ─┬─ フォーマル組織 ─┬─ ラインとスタッフ
      │                  └─ 独任制・合議制（Q34 参照）
      └─ インフォーマル組織
```

(1)フォーマル組織とインフォーマル組織
　①フォーマル組織（定形・公式組織）
　　職務・権限の体系。
　　職務を能率的に遂行するために人為的に作り出されるもの。
　②インフォーマル組織（非定形・非公式組織）
　　人間の体系。
　　フォーマル組織の中に自然に発生する人間関係に基づく組織。
(2)ラインとスタッフ
　①ライン……組織における職務上の命令と権限の体系
　　執行権、命令権を持つ実行部門。
　②スタッフ…執行権や命令権を持たず、助言や勧告のみを行う補佐的機関
　　ラインの補佐機構としての参謀部門。
　③スタッフの重要性の向上
　　スタッフは従来、単なる補佐機関とされていたが、最近ではラインと同等、あるいは
　　場合によってはそれ以上の役割を果たしているとされる。

A13　正解ー1

1－正　フォーマル組織があってはじめてインフォーマル組織が存在する。たとえば、
　　　学校のクラスや会社の職場というフォーマル組織の中にある友人関係がそうで
　　　あるように、これらは相互に排他的なものではない。
2－誤　スタッフは伝統的には、本肢の記述のように執行権・命令権を持たず助言と勧
　　　告だけを行う組織とされてきた。しかし、組織のセクショナリズムを打破する
　　　ために、ラインを越えた命令権限を持つスタッフを配置するマトリックス型の
　　　組織が生じている。この場合のスタッフ部門は自らも命令権限を持つものとし
　　　てとらえられる。
3－誤　プロイセン軍の参謀本部に起源が求められるのはスタッフである。ラインにあ
　　　たるのは、軍隊の主要目的を果たす戦闘部隊である。
4－誤　スタッフ、ラインはいずれも定型化・組織化されたフォーマル組織に分類され
　　　るものである。
5－誤　人間関係論といわれるのは、むしろインフォーマル組織内の人間関係に注目す
　　　る新古典的組織論である。

Q14 人間関係論

問 ホーソン工場での実験に関するA〜Dの記述のうち、妥当なものを選んだ組合せはどれか。
(地方上級)

A 当初の調査は科学的管理法の観点と手法に立って設計されたものであったが、メイヨーらは、その妥当性に疑問を抱き、調査の観点と方法を変更した。

B インフォーマル組織は、フォーマル組織の活動を阻害し、その存在は効果的な協働関係を維持するためには必要ないものであるとした。

C 経営の関心は、組織の構成員に満足感を与えることのみに向けられがちだが、組織が能率的であるためには、組織目標を達成する機能にも関心を向けなければならないとした。

D 物理的環境の変化が生産性に直結するのではなく、個人の感情や態度がそこに介在し、職場の仲間との人間関係や個人的な経験が感情や態度の変化に大きく影響するとした。

1　A　B
2　A　C
3　A　D
4　B　C
5　B　D

PointCheck

●人間関係論‥‥‥‥‥‥‥‥‥‥‥‥‥‥‥‥‥‥‥‥‥‥‥‥‥‥‥‥‥‥‥‥‥‥‥‥【★★☆】

メイヨーらは、ホーソン実験によって、インフォーマル組織の重要性を始め、さまざまな新事実を発見し、その一般化を試みた。人間関係論はその一般化に始まるものである。

⑴メイヨーらの主張

従業員は、必ずしも常に合理性に基づき判断しているわけではなく、彼らの行動の動機が賃金など物質的なものにあるとは限らない。また、彼らは一人ひとりばらばらに存在しているものではなく、何らかの集団に属している。この集団の規範に同調する行動を没論理的行動とすると、それは論理的行動に劣らず重要なものである。

インフォーマルな集団とは、没論理的行動が形成・展開される集団であり、人々の間の感情の交流など、相互作用が蓄積されるにつれてお互いの間に自然発生的に形成される組織のことである。目的合理的に設定されたフォーマルな組織・集団とは区別される。人々が集団の成員であると自他ともに認める心理的安定感−帰属意識を持つことができるのは、集団の一員として集団規範に同調して行動する時である。

⑵科学的管理法との対照

それまで、アメリカの管理に関する基本的概念は、科学的管理法に基づくものであった。メイヨーらの主張は、それに挑戦するものであった。

第1章

第2章

第3章

第4章

第5章

第6章

第7章

①従来の考え方

　科学的に個々の労働力の標準的作業形態を考察し、組織的に職能として位置づける。賃金など物的刺激を与えれば生産管理は実現できる。

②人間関係論

　従来と対照的な人間観を提示した。また、経済人的人間観（**Q17**参照）にも重大な疑義を提出するものとなった。

◉**ホーソン実験から導き出された仮説**　繰り返し確認 ……………………………【★★☆】

①労働者が、仕事、同僚、上司、全体としての会社などをいかにとらえているのかということが、仕事の能率に大きく影響している。その影響は、賃金などの物理的な誘因よりも強い場合がある。

②仕事や同僚、会社をいかにとらえるかということに強く影響しているのは、労働者が帰属している職場における集団の持つ特徴、その行動パターン、上司のリーダーシップ、幹部と一般従業員との間の人間関係などである。

◉**人間関係論に対する批判**…………………………………………………………………【★★☆】

① 1950年代に入ると、実証研究が進み、人間関係論への批判が次第に強くなってくる。各種の実証的研究では、従業員が社会的・心理的満足を持つことと彼らの生産性が高くなることとが直接つながることを証明するものは見つからなかった。むしろ、両者の間に相関関係は存在しないことが明らかになった。実際の要因は他に求めるべきなのではないかという批判である。

②人間関係論は、仕事への動機づけを行うためには、従業員を快適な人間関係の中に置きさえすればよい、そうすれば自然に従業員は仕事に対する動機を持つという印象を与えてしまう。

A14 正解－3

A－正　調査は当初、科学的管理法に基づき、その内容を充実する目的で行われた。しかし、物理的作業環境である照明実験では、照明の明暗の設定にかかわらず作業能率の向上が確認された。そこで、その原因を解析するため、メイヨーらは組織内のインフォーマルな集団の働きに目を向けていったのである。

B－誤　実験結果は、フォーマル組織の中に自然に成立するインフォーマルな組織の重要性を提示するものであり、このインフォーマルな組織が集団の一員として協働するための帰属意識を供給すると考えた。

C－誤　一般的に経営の関心は組織目標の達成に向けられがちであるが、人間関係論の立場では、構成員に満足感を与えることが組織の能率向上に資すると主張した。

D－正　物理的作業環境や賃金などの待遇よりも、仕事仲間・上司・会社をどうとらえているかといった、労働者個人の人間的要因が、作業の能率やモラール（やる気）に影響を与えているとメイヨーらは考えたのである。

Q15 新古典的組織論の展開

問 組織論に関する次の記述のうち、妥当なものはどれか。 （国家総合類題）

1 人間は常に合理的な存在ではなく、組織はむしろ人間の非合理的な感情や欲望に支配されているとして提唱されたのが現代組織論である。

2 フォーマル組織を分析の対象とし、組織の能率的な管理を目的とする古典的組織論が提唱される契機となったのはホーソン実験である。

3 L.H. ギューリックは企業の活動を技術活動、商業活動、財務活動、保全活動、会計活動、管理活動の6つに分類し、さらに管理活動を5つの要素に分けた。

4 ホーソン実験で明らかになったことは、当初の仮説とは異なり、照明などの物理的作業環境や賃金などの待遇改善が生産性の向上をもたらすというものであった。

5 M. フォレットは集団我と個人我を区別し、現代の人間の創造精神は孤立した自我の中でなく、集団の組織を通じてのみ開発されるとした。

PointCheck

● M.P. フォレットの組織理論 ……………………………………………………【★☆☆】

フォレットは、トップダウンの組織論を批判し、次のような議論を展開した。

(1)複数権威

組織における権威は、最上級の地位にある者に一切の権限が包括的に帰属している状態（最終的権威）を想定する。しかし、現実の組織では各職能に権威は内在されている。組織目標に向かってこれらの複数の権威が一致するとき、組織の権威が発生する。フォレットは、これを「複数権威」と呼んだ。

(2)機能に基づく権威と地位（職位）に基づく権威の区別

フォレットは、恣意的コントロールから集合コントロールに転換が実現したときにはじめて、機能的統一体としての組織が形成されるとし、組織における上位と下位の観念を否定し、機能に基づく権威と地位に基づく権威とを区別することを主張した。このような主張は、「権限状況説」と呼ばれる。

(3)建設的紛争による統合の原理

組織を活性化させるためには、組織内の建設的な紛争が必要であるというもの。
※フォレットの研究は、後の人間関係論の主張と同様のものであり、すでにフォレットの段階で人間関係の理論が登場していたとも評価できる。

●現代組織論 **繰り返し確認** ……………………………………………………【★★★】

(1) C.I. バーナード

バーナードは、組織を協働のシステムととらえてフォーマルな組織を重視する。同時に、組織が適正に機能するためには、インフォーマルな組織が機能的であることも不可欠であ

るとした。また、人間が組織に貢献するのは、組織目的を受け入れ、賃金・威信といった誘因を組織から受け取ることができるからだとした（誘因貢献理論）。

(2) H.A. サイモン

バーナードの理論を吸収したサイモンは、1945年『経営行動』を著し、組織体のシステム分析を意思決定の側面から行った。彼の組織観は、ギブ・アンド・テイクの関係に焦点を合わせたものである。

・構成員は、組織が提供する誘因と引き換えに組織に貢献する（誘因と貢献の均衡）。
・意思決定は目的の判断から始まり（価値前提に基づく決定）、目的に適合的かつ可能な手段が考慮される（事実前提に基づく決定）。
・しかし、目的自体の正しさは客観的な検証になじまないから、意思決定は目的を元々与えられたものとした上での手段の選択であるといってよい。サイモンはこれを客観的合理性と呼んだ。

●サイモンの客観的合理性　理解を深める ・・・・・・・・・・・・・・・・・・・・・・・・・・【★☆☆】

①すべての可能な代替的行動を列挙し、
②これらの行動から生じるすべての結果を把握し、
③諸々の結果を価値体系に基づいて比較評価を加え、最も好ましい1つを選択する場合

この場合でも、すべての代替的手段を検討すること自体が不可能で、われわれは限られた合理性の枠内で満足するしかない（主観的合理性）。客観的合理性を判定し得る経済人に対して、主観的合理性の判断で満足する人間（経営人モデル・満足化モデル）を提示したのである。

A 15 　正解－5

1－誤　組織を人間関係から捉え、組織が能率ではなく感情により動くとしたのは、新古典的組織論の立場である。現代組織論では、よりフォーマル組織に比重を置いた理論を展開する。

2－誤　ホーソン実験の結果生まれた組織論は新古典的組織論である。これはインフォーマル組織を分析の対象とし、組織を人間関係から考えるものである。

3－誤　本肢はH. フェイヨールについての記述である（**Q12** 参照）。ギューリックは行政管理の機能を7つに分類した（POSDCORB理論、**Q21** 参照）。

4－誤　ホーソン実験では当初、物理的作業環境や待遇改善が生産性向上をもたらすとの仮説で行われた。しかし実験の結果明らかになったのは、環境や作業条件の改善ではなく、組織内の人間関係が能率に大きな影響を与えるということであった。

5－正　M. フォレットの『創造的体験』においての主張である（**Q12** 参照）。

第1章
第2章
第3章
第4章
第5章
第6章
第7章

Q16 バーナードの組織論

問 次の文は、バーナードの組織論に関する記述であるが、文中の空所A～Cに該当する語の組合せとして、妥当なのはどれか。
(地方上級)

　バーナードは、物理的・金銭的制約を克服して目的を達成するために築く協力関係を【A】システムと呼んだ。【A】システムを永続的にしたのが組織であり、バーナードは、組織を「意識的に調整された2人以上の人間の諸活動又は諸力の体系（システム）」と定義している。組織は、目的を達成するために、環境の変化に適応する必要があり、そのために、組織内部を調整していくのが【B】の役割であるとした。

　また、バーナードは、組織が成り立つためには、①共通の目的、②【A】する意思、③【C】という3つの要素が必要であり、共通の目的が達成されたとき、あるいは見失われたとき、【A】する意味がなくなるので、組織は存続することができないとした。

	A	B	C
1	経営	経済人	コミュニケーション
2	協働	経営者	情報
3	経営	経済人	情報
4	協働	経営者	コミュニケーション
5	経営	経営者	情報

PointCheck

◉ C.I. バーナードの協働システムの議論 ……………………………………【★★★】
①協働システムとは、「少なくとも1つの明確な目的のために2人以上の人々が協働する」システムである。
②協働システムは、「物的・生物的・人的・社会的要素の複合体」が相互に依存関係にあるシステムである。
③組織は協働システムの中核を構成するもので、組織を「2人以上の人々の意識的に調整された活動や諸力のシステム」と定義する。

◉組織成立の条件…………………………………………………………………【★★★】
　バーナードによれば、組織成立の条件は、共通目的、貢献意欲、コミュニケーションの3つである。
(1)共通目的
　組織の構成員が目指す共通の目的が共通目的である。協働が生まれ、組織が存続するためには、組織構成員が共通目的を受け入れている必要がある。その限りで組織は存続する。

第1章

第2章

第3章

第4章

第5章

第6章

第7章

(2)貢献意欲

自己の活動を組織のために提供しようという意欲が貢献意欲である。組織は、個人が労働や忠誠を通じて組織に貢献するように仕向ける必要がある。そのためには、何らかの形で見返り（例：賃金、威信）を提供しなければならない。この見返りは誘因と呼ばれる。組織の存続と発展のためには、誘因と貢献意欲との均衡が必要である。

(3)コミュニケーション

組織の構成員が共通目的の存続とその内容を知り、貢献意欲を相互に認識することがコミュニケーションである。コミュニケーションは、共通目的と貢献意欲を統合する機能を果たす。

●バーナードの権威受容説‥‥‥‥‥‥‥‥‥‥‥‥‥‥‥‥‥‥‥‥‥‥‥‥‥‥【★★★】

バーナードは、権威とは「部下の側の受容によって成立し、一般に権限と呼ばれているものも、この権威の一種である」と述べ、さらに権威を「機能の権威」と「地位の権威」に分類した。

(1)機能の権威

権威による支配、つまり高度の学識・専門能力による支配を指す。

(2)地位の権威

地位による支配、つまり威信による支配を指す。

●バーナードの組織理論の特徴‥‥‥‥‥‥‥‥‥‥‥‥‥‥‥‥‥‥‥‥‥‥‥‥【★★★】

バーナードの組織理論は、主著『経営者の役割』（1938 年）によれば、古典的組織論と新古典的組織論を統合するものである。その特徴は以下のとおりである。

①定形組織についての考察を行った組織理論である。それは、非定形組織に着目した新古典的組織論とは対照的である。

②自由意志や選択力を持つ自己実現人モデルを採用している組織理論である。人間の主体性を喪失した経済人モデルを採用した科学的管理法とは、この点で対照的である。

③組織の目標達成と組織の構成員個人の満足という、双方向からの視点に立った組織理論である。命令の一元性、規範範囲、同質性といった「組織の科学」を重視した古典的組織論とこの点で対照的である。

A 16 正解―4

A、B、Cには順に、協働、経営者、コミュニケーションが入る。

C.I. バーナードの組織理論は、第一に自己実現人モデルに基づく「協働システム」に基盤を置く。その上で、共通目的、協働する意思（貢献意欲）、コミュニケーションの3つの条件をみたすとき「組織」が成立するとし、最後に経営者による「管理」を論じていく。理論としては、古典的組織論と新古典的組織論を統合したものとされるが、**PointCheck** に示したような特徴、組織のとらえ方の違いをしっかり確認しておきたい。

Q17 組織論の人間モデル

問 バーナードの近代管理論に関する次の記述のうち、妥当なものはどれか。 （地方上級）

1 彼は、人間モデルとして、経済的動機を最優先し、最適化基準によって完全に合理的な
意思決定を行う「経済人モデル」を設定した。
2 彼は、協働システムとは、少なくとも1つの明確な目的のために2人以上の人々が協働
する体系であり、このシステムは組織を核に人的システムと社会的システムから構成され、
物的システムは含まれないとした。
3 彼は、組織の基本的要素として、共通の目的、協働への意欲、コミュニケーションを挙
げ、組織の成果においては、協働への意欲が支配的な要素をなすとした。
4 彼は、個々人は誘因が動機を充足する限り組織への貢献を継続するものであり、組織の
能率とは、この貢献と誘因のバランスをうまくとり、対内的均衡を維持することであると
した。
5 彼は、経営者は理性に基づいて合理的な意思決定を行うべきであり、組織全体を感得す
る芸術的側面や新たな組織道徳を創造する能力は重要ではないとした。

PointCheck

◉組織理論の人間観…………………………………………………………………【★★☆】
　人間をどのような行動主体とみなすかは、個々の組織理論を理解する上で重要である。以
下、要点をまとめて確認する。
(1)経済人モデル
　利己的な合理性に基づいて行動する人間であり、経済的動機に基づいて利益の最大化を
目指す人間である。A. スミスが想定したものに始まる。F.W. テイラーの科学的管理法を
はじめとする伝統的管理論は、この経済人モデルを人間観として想定している。
(2)社会人モデル
　G.E. メイヨー等がホーソン実験の結果から導き出した人間モデルで、新古典的組織論
の基礎となったもの。経済人モデルと対置されるものである。人間は経済人モデルで想定
されたような孤立して存在する個人ではなく、帰属感や安定感を求め、仲間集団内の規範
に対しての方が、経済的刺激に対するよりも敏感なものであるというのが、この社会人モ
デルである。
(3)自己実現人モデル
　バーナードが提唱したモデル。人間には、生物的・社会的要因に基づく限界というもの
があるが、それでも自由意志を持ち、選択力を行使することによって自らの目的を達成し
ようとするのが、この自己実現人モデルである。
　バーナードが組織の成立・発展を説明する時に、組織＝人間の協働システムへの参加者
としての人間行動をモデル化したものが、この自己実現人モデルである。

問題でPointを理解する
Level 1 Q17

第1章
第2章
第3章
第4章
第5章
第6章
第7章

⑷経営人モデル

H.A. サイモンが提唱したモデル。経済人モデルに対置されるもの。サイモンは、人間は経済人モデルのように完全な合理性を持つことは不可能である。それは人間が普通、完全な情報を得ることができないためであると説明する。認知能力の限界から、人間は「制約された合理性」の下で意思決定を行わなければならない。そのために、人間の行動規準は一定水準の満足が得られるか否かということになる、と彼は主張した。

サイモンが展開した意思決定論の中心に位置する概念が、この経営人モデルである。その特徴は、人間の情報処理能力には限界があるという点に着目したことにある。

⑸複雑人モデル

E.H. シャインが、その主著『組織心理学』(1980年) の中で提示した人間モデル。シャインは、人間の欲求は複合的であり、その人間が置かれた状況、具体的には社会階層、環境、経験、価値観などによって、人間の動機は異なると主張した。したがって、経済人や社会人といった人間性の把握の仕方は一面的である。そうではなく、多面的かつ可変的な複雑人として人間を理解する必要がある、と彼は主張する。複雑人モデルの内容は、理想の人間像は直面する状況によって左右されるというものである。それゆえ、それは、組織は状況次第であることを主張したコンティンジェンシー理論の人間観でもある。

A17 正解―4

バーナードがフォーマル組織を対象としながらも、その組織成立の条件を、①共通目的、②貢献意欲、③コミュニケーションとしているのは、彼が人間関係論的思考に立つことを示す。ここにバーナードが主張する「組織＝人間の協働システム」の視座である自己実現人モデルが表れている。

1 ―誤 バーナードは組織の目標達成だけではなく、構成員個人の満足をも重要な要素と考える。経済人モデルを設定したのは、科学的な組織論を目指した伝統的管理論である。

2 ―誤 前半は正しいが、バーナードは協働システムを「物的・生物的・人的・社会的要素の複合体」と考える。物的システムが含まれないというのは誤り。

3 ―誤 組織の成長において支配的要素をなすのは、コミュニケーションである。

4 ―正 誘因（見返り）と貢献意欲の均衡を重視するバーナードの見解には、人間関係論の影響が強い。

5 ―誤 バーナードは経営者の役割を、相互に矛盾する準則を統合する道徳準則を創造することにあるとする。経営者には、感性としての芸術的側面や、リーダーとして組織道徳を創造する能力も必要である。

Q18 マクレガーの理論

問 マクレガーのＸ理論とＹ理論のうち、Ｙ理論に関する記述として妥当なものはどれか。

(地方上級)

1 問題解決のために創意工夫する能力は一部の限られた人間に備わっており、企業がその能力を十分活用することで彼らは成長し、発展する。

2 人間は自分が進んで身を委ねた目標のために自らに鞭打って働くものであり、企業は、従業員個々人の目標と企業目標との統合を促進すべきである。

3 人間は何よりもまず安全を望むが、報酬次第では献身的に目標達成に尽くすものである。

4 人間は生まれながらに仕事が嫌いだが、従業員を動機づけ、やる気を起こさせるのは、経営者の手腕による。

5 人間は外的な強制や処罰がないと力を発揮しないので、企業は組織作りに際して、命令と統制を中心原則とすべきである。

PointCheck

◉ D. マクレガー ………………………………………………………………【★★☆】

アメリカの経営学者。ハーバード大学で心理学を専攻し、1935年以後教壇に立って、ハーバード大学、マサチューセッツ工科大学などで教える。

彼は、経営理論の根底にある人間観から考察を始める。人間は生来怠け者であるため、飴と鞭による管理を加えることが必要であるという従来の考え方（Ｘ理論という）に対して、人間の自由意志を尊重し、その達成感や人間としての成長を求める欲求、すなわち自己実現の欲求を満足させる管理方式（Ｙ理論という）を主張した。すなわち、彼は人間観の転換を求めたのである。

◉ Ｘ理論・Ｙ理論 ………………………………………………………………【★★☆】

(1) Ｘ理論

①元来仕事が嫌いで、できることなら仕事をしたくないと思っているのが普通の人間である。

②仕事嫌いという性質から、企業目標を達成するために人間に十分な力を出させるには、強制したり、統制したり、命令したり、処罰するぞとおどしたりすることが不可欠である。

③命令に服従することが好きで、責任を取らないでいようとし、野心が少なく、何よりも自らの安全を重視しているのが、普通の人間である。

(2) Ｙ理論

①人間は本性から、遊びや休憩の場合と同じように、仕事でも心身を主体的に使うものである。

②人間は、自分が主体的に選んだ目標を追求する際には、自分に鞭打ってでも積極的に働くものである。

③ある目標を達成した場合に得る報酬によって、献身的に目標達成に尽くすかどうかが左右される。

④普通の人間が、責任を引き受けるばかりか、さらに自ら進んで責任を取ろうとすることがあるが、それは条件次第である。

⑤たいていの人間は、組織内の問題を解決するために、相対的に高度の想像力を働かせて、さまざまな手段を使って工夫する能力を持っている。それは一部の人間だけが持っているわけではない。

⑥現代の組織においては、日常活用されているのは、従業員の知的能力のほんの一部のみである。

　X理論に従うと、いわゆる飴と鞭による管理法となる。一方、Y理論に従うと、従業員が怠けていたり、無関心であったり、責任を取りたがらなかったりすることの原因は、従業員の人間性に求めるべきではなく、管理者のやり方のまずさに求めるべきことになる。つまり、マクレガーはY理論によって管理者に問題があると主張するのである。彼は、権限を委譲することがこうした問題を解決するために必要であるとする。

Level up Point!　　マクレガーは、X理論とY理論とを提唱したが、Y理論の根底には、個人の目標達成を重視し、組織のメンバーの欲求を可能な限り満足させながら経営目的を達成することを目指す、テイラー等とは異なる、新しいモチベーション理論がある。

A18　正解ー2

1－誤　マクレガーのY理論によると、そのような能力はたいていの人間に備わっている。

2－正　Y理論の人間観が自己実現人モデルであることに注意（**Q17**参照）。

3－誤　Y理論では、何よりもまず安全を重視するとは述べていない。こう述べているのはX理論である。

4－誤　Y理論では、人間は生来仕事嫌いとされてはいない。

5－誤　Y理論では、このようなことを述べてはいない。

Q19 サイモンの意思決定論

問 サイモンの意思決定論に関する次の記述のうち、妥当なものはどれか。 （地方上級）

1 彼はバーナードの理論を否定し、組織における意思決定過程の新たな理論を独自に構築した。

2 彼は、意思決定理論においては、常に客観的な合理性を追求する最適化原理を貫徹すべきであるとして、この原理により行動する人を経営人と呼んだ。

3 彼は意思決定の前提を事実前提と価値前提とに区分し、組織目的は事実前提によって決定されるとした。

4 彼は意思決定を定型的意思決定と非定型的意思決定とに区分けし、このうち、定型的意思決定の伝統的技法として、判断力・直観・創意力を挙げた。

5 彼は意思決定のプロセスを、大別すると、情報活動、設計活動、選択活動および検討活動の局面から成り立っているとした。

PointCheck

● H.A. サイモンの議論 ……………………………………………………【★☆☆】

コンピュータ科学や組織論、管理理論や心理学など、広い分野にわたって研究を行ったのがサイモンである。彼は初め、都市行政の能率性の分析を行っていたが、その後、行政組織および組織一般の分析に従事するようになる。彼は、伝統的な管理組織論は、相互に矛盾する内容を持つ「ことわざ」に過ぎないと批判し、経験的な組織研究に適用できる概念枠組みの構築に尽力した。1978年には、経済組織における意思決定過程の研究に対して、ノーベル経済学賞を受賞する。

サイモンは、バーナードの概念枠組み、特に意思決定の概念を中心として組織事象を分析する方法に強い影響を受けた。そして、バーナード＝サイモン理論として知られる「意思決定アプローチ」の精緻化・体系化に指導的役割を果たした。

● サイモンの主張の重要な点 …………………………………………………【★★★】

⑴ サイモンの組織理論の特徴

サイモンの組織論は意思決定論といわれるが、それは組織を行政管理の観点からではなく、意思決定の側面からとらえようとするものである。

サイモンは行政を「協働的集団行動」と位置づけた。これは、組織を人間の協働システムとするバーナードの考えを踏襲したものである。

⑵ 価値と事実との区分

サイモンは、決定には、どのような目標をどの程度まで達成しようとするのかという価値判断の問題としての「価値的決定」と、ある特定の目標をどの程度まで達成できるのかという事実判断の問題としての「事実的決定」との2種類があると指摘する。

　サイモンの科学観によると、科学が適用できるのは「事実的決定」についてのみである。

(3)限定された合理性

　サイモン以前においては、意思決定を行う人間は、対象に対するすべての情報を持ち合理的に行動できる、換言すると、経済人モデルが想定するような完全な技術的経済的な合理性を持っていることを前提としていた。

　サイモンは、これに対し、人間は全知全能でない以上、情報を完全に持つことはできないし、常に合理的に選択行動を行っているわけでもないと指摘した。経済人モデルは人間の心理学的特性や能力の限界を無視しているとして、これらを考慮した合理性として「限定された合理性」の概念を提唱した。

(4)経営人モデル

　経営人モデルでは、「限定された合理性」の枠内で一応満足できると予想される要求水準を設定し、その水準に達する案が得られるとそこで満足する。さまざまな案を検討考慮するのはその水準に達する案を見つけられるまでに限られるという、「満足化モデル」に基づいて行動する人間像を経営人モデルとするのである。

(5)プログラム化された決定とプログラム化されていない決定

　組織活動には、革新活動とルーティン活動とがあるとサイモンは主張する。革新活動は、環境の変化に適応するためのものであり、ルーティン活動は、先例やマニュアルに従って組織が自動的に活動していくというものである。

　サイモンによると、ルーティンに基づく決定はプログラム化された決定、ルーティンに基づかない決定はプログラム化されていない決定である。

Level up Point!　サイモンはバーナードを継承し、限定された合理性をはじめとする議論を提示したが、意思決定について独自の考え方を提示している。バーナードを発展させた部分が特に重要。

A19　正解－5

1－誤　サイモンは、バーナードの理論を否定してはおらず、むしろそれを継承・発展させることに大きな貢献を果たした。

2－誤　サイモンは、組織における意思決定過程では、人間はすべてのことを知ることはできないと考えていた。ゆえに決定を下す際に、あらゆることを考慮に入れた上で行うことは現実には無理であり、最適化原理ではなく満足化基準に沿うことになるとした。

3－誤　組織目的は選好の表現であるので、サイモンの分類では価値前提によって決定される。

4－誤　定型的意思決定では、基本的にマニュアルに従うため、判断力・直感・創意力は伝統的技法にはあたらない。

5－正　サイモンは、情報活動の不完全さから、合理的な選択ができないと考えたのである（限定された合理性）。

Q20 組織論の発展

問 組織論の発展に関する次の空欄(A) ～ (E)に入る語句の組み合わせとして、妥当なものはどれか。
(地方上級)

組織の理論に初めて意思決定の視点を持ち込んだのは、(**A**)である。それまでの公式的な機構概念と非公式的な(**B**)概念とを統合し、組織を人間の(**C**)と見ることによって現代組織論の基礎を築いた。この理論の核心を継承した(**D**)は、合理的決定の性質と限界について精緻な分析を行い、決定のための必要条件ともいうべき(**E**)の考察を行った。

	A	B	C	D	E
1	C.I.バーナード	人間関係	協働関係	H.サイモン	決定前提
2	C.I.バーナード	人間関係	闘争関係	R.K.マートン	心情一致条件
3	R.K.マートン	権力関係	競合関係	C.W.ミルズ	上位下達関係
4	M.ウェーバー	制裁関係	共闘関係	H.サイモン	限界合理性
5	M.ウェーバー	権力関係	人間関係	R.K.マートン	職場環境条件

PointCheck

●組織論の位置づけ･･･【★★☆】

組織論とは、社会学、心理学、社会心理学、経済学、人類学等の基礎学問を援用して、組織内の個人、集団の行動、あるいは組織体全体の行動を分析する科学を指す。組織論は、研究者個人の主たる関心領域によって大きく2つに分けられる。関心領域が個人の動機づけにある場合にはミクロ組織論、組織体の構造にある場合にはマクロ組織論と呼ばれる。

(1)ミクロ組織論

①ミクロ組織論のはじまり

ミクロ組織論は、基本的な変数として個人の個性、態度、集団における成員の相互作用から生まれる凝集性、集団圧力、リーダーシップなどを設定し、分析単位を個人および小集団に置いて理論モデルの構築を目指すものである。このため、ミクロ組織論は、組織心理学と言い換えてもよいとされる。ミクロ組織論は、産業心理学と社会心理学を基盤とするものである。歴史的には、ミクロ組織論のはじまりは20世紀初頭の適性検査、疲労の研究、作業動作研究に関連した産業心理学研究にある。

②人間関係論の登場

その後、1920年代に人間関係論が登場し、社会心理学的なアプローチが興隆する。ミシガン大学では、このアプローチを応用した研究が数多くなされ、リーダーシップ研究が花開いた。

ミシガン大学の業績に基づき、個人、集団、組織といった異なるレベルにわたる一般理論を、集団を中心として構築したのがR.リカートである。また、D.マクレガー、

問題でPoint を理解する

Level 2 **Q20**

第1章

第2章

第3章

第4章

第5章

第6章

第7章

F. ハーズバーグらは、それぞれ自己実現欲求を充足する組織の理論を提示した。これは A.H. マズローの欲求階層説を応用したものである。新人間関係論は、このマクレガー等の研究とリカートの研究とを合せたものである。

(2)マクロ組織論

①マクロ組織論のはじまり

マクロ組織論の出発点は、M. ウェーバーの官僚制論にさかのぼることができる。主に社会学者がこのアプローチを採って研究に従事してきた。組織における成員の価値、情報、目標、役割、意思決定、権力関係の配列などを中心に分析を進めるのがマクロ組織論である。このアプローチの前提は、人間行動は組織のパターン化された状態によって規定されるという仮定である。

②マクロ理論の分類

ウェーバーの後、R.K. マートン、P. セルズニック、P. M. ブラウらの社会学者は、官僚制を合理的な組織形態と考える従来の見方に対して、官僚制の逆機能を提示した。これらの研究は、基本的に環境要因を重視しない立場をとっているために、クローズド・システムとしての組織の静態分析とされる。

これに対し、T. バーンズ、J.W. ローシュらのアプローチは、組織を環境との関係の観点から、オープン・システムとしての組織がどのように環境に適応するかを問題とするものである。これをコンティンジェンシー理論という。

さらに、バーナードは「協働システム」を提示し、マクロ組織論とミクロ組織論の両アプローチを統合する一般理論の構築を目指した。サイモンもまた「意思決定」などの概念を中心に一般理論を提示している。

●**コンティンジェンシー理論**……………………………………………………【★★☆】

伝統的組織論の目的は、すべての組織に共通して有効と認められる組織原則を確立することにあった。すなわち、伝統的組織論は、組織の置かれた環境や条件に無関係に適応できる原則が存在するという前提に立っているのである。

このような普遍主義に対し、「環境が異なれば、有効な組織は異なる」という立場に立つのが、コンティンジェンシー理論である。その前提は、あらゆる環境において有効とされる唯一最善の組織などありえないというものである。つまり、組織の有効性は、技術や市場をはじめとする環境条件に左右されるとするのである。

Level up Point!

　　行政学の出題では、対立する立場や学問的背景、訳語の違いによって、同じ対象でも用語が違うことがある。文章完成や学説問題は、関係学者－用語の丸覚えでは対応できない。用語の意味をしっかりおさえるレベルまでの学習が必要。

A **20** 正解ー1

バーナード＝組織均衡理論、サイモン＝意思決定論の特徴をおさえる。

1 行政管理

Level 1 ▷ Q22,Q23　Level 2 ▷ Q29

行政管理……行政の肥大化や非能率化を防ぎ、予算や職員数の膨張を抑制するための努力。
　　　　　　行政組織や活動それ自体の肥大化を防止、抑制するための方策。　▶p50

　↓

行政の管理の方式　　　総量規制方式（シーリング・ナンバー）
　　　　　　　　　　　時限方式（サンセット方式）
　　　　　　　　　　　マネージメント・レビュー方式

(1)**総量規制方式（シーリング・ナンバー）** ▶p52
　まず最高限度枠を決めて、その枠内で運用・調整する方法。
　例）・新しい行政組織や機関の設置。
　　　・最高限度枠が設定されているので、それに見合う既存の官庁をまず廃止する（ス
　　　　クラップ・アンド・ビルド）。

(2)**時限方式（サンセット方式）**：1976 年、アメリカのコロラド州で採用。　▶p53
　あらかじめ事業を継続する期限を定め、その時点で必要性が認められない場合は原則と
して廃止する。

(3)**マネージメント・レビュー方式**：1972 年、イギリスで採用。
　それぞれの組織が自主的にチェックする方法。専門の行政管理機関を設置して、その協
力に基づいて各機関が内部管理を行う。

2 予算の管理

Level 1 ▷ Q23 ～ Q25　Level 2 ▷ Q30

予算……国や地方公共団体の 1 会計年度における歳入・歳出の見積もり。
　　　　　行政がこれを作成して執行、それ自体に行政管理や行政の計画化という機能。

　↓

予算による行政管理の方法　　　ゼロベース予算方式
　　　　　　　　　　　　　　　PPBS（計画事業予算制度）
　　　　　　　　　　　　　　　インクリメンタリズム（漸増主義）

(1)**ゼロベース予算方式（Zero Base Budgeting）** ▶p55
　予算編成にあたっては前年度予算を前提とせず、毎年ゼロから査定し直していく方法で
ある。

(2)**PPBS（Planning, Programming, and Budgeting System）** ▶p54
　予算編成に費用効果分析の手法を導入していくものである。
　まず組織の基本目標と計画を策定し、そのための具体的プログラムを決定する。次にそ
れを予算化して、代替案ごとにかかる費用ともたらす効果を分析して、一定の費用で最大
の効果をもたらす案を採用する。

　このPPBSと対比して語られるのがMBO（Management by Objects）である。これは、組織の目標を上司と部下との話し合いにより客観的な計測可能な形で定め、それをお互いの協力で達成していこうとするものである。PPBSがトップダウン的であるのに対し、MBOはボトム・アップ的である。

(3)インクリメンタリズム（漸増主義）　▶ p56

　リンドブロムが提唱した方式で、前年度予算を前提にしてそれを少しずつ変化させるものである。実際の政策決定においては、変更の程度がさまざまな政治的影響力によって抑制されるから、政策はあくまで現にある政策を前提として決定され、少しずつしか変化していかない。そこで、既存の案を少しだけ変化させた案をもって代替案とするという立場に立つものである。

3 行政管理と評価　　Level 1 ▷ **Q24**　Level 2 ▷ **Q28,Q29**

(1)プログラム評価（PE）　▶ p51

　実施された政策目標の達成度を事後的に評価する。

(2)新公共管理（NPM）　▶ p55

　現代の拡大した行政活動を、管理可能な規模に分割し、政策実施の達成度や合理性で評価を加え、国民の監視と統制の下に置こうとする（顧客主義・成果主義・競争原理）。

(3)政策評価の基準

　①有効性に関わる評価基準（初めに設定された効果を得たか）

　　事前に設定された目標を念頭に置き、事業の効果の面に注目する。

　②効率性の基準（単位費用あたり社会がどの程度の効果を得られたか）

　　政策の変換過程の質を、入力と出力とを対比することで評価する。

　③公平性の基準（予定対象に集中しているか、費用・効果の配分が偏らないか）

　　政策の効果が社会にいかなる分布をしているのかを取り上げる。

4 能率　　Level 1 ▷ **Q21,Q26,Q27**

　現代行政学は、行政の能率をいかにして確保していくかという実践的な目的で発達したものである。そこから「能率」をめぐる定義が行政学の中心概念になる。

　能率の概念をめぐってさまざまな議論がなされてきたが、それらは「機械的能率」「社会的能率」「二元的能率」の3つにまとめて考えることができる。　▶ p58

(1)機械的能率…テイラー、ギューリック

　最小のコスト（労力・時間・費用）によって最大の効果を達成。

(2)社会的能率…ディモック

　行政の社会的有効性を能率の基準とする考え方。

(3)二元的能率…ワルドー

　能率は、目的達成度と、手段自体の合理性に分けて計測すればよいという考え方。

第1章
第2章
第3章
第4章
第5章
第6章
第7章

Q21 ギューリックの理論

問 ギューリックに関する記述として、妥当なのはどれか。 （地方上級）

1 古典的組織論について、その原理は曖昧であって一種の諺にすぎないと批判し、その科学的妥当性を疑問視した。

2 行政学においても経営学と同様に能率の必要性は認めたが、行政学にとって最も重要な基準は公益であるとした。

3 F. ローズベルト大統領が設置した「行政管理に関する大統領委員会」において、行政機関における最高管理者が担うべき総括管理機能の重要性を提言し、これに基づいて、大統領府が創設された。

4 行政機関における最高管理者が担うべき総括管理機能を一語で表すために、PPBSという言葉をつくり出し、総括管理機能のうち予算が最も重要な役割を果たすとした。

5 彼の組織理論は現代組織論とよばれ、バーナードがこれを受け継いで精緻化、体系化に努め、発展させた。

PointCheck

● POSDCORB（ポスドコルブ）理論 ……………………………………【★★★】

『管理科学論集』（1937年）の中で、ギューリックによって提示された。

行政管理を指揮するトップである執政長官が担う職務の、機能的な諸要素を表すものである。

⑴7つの機能

①計画（planning）

組織の目的を達成するために行わなければならない事項や、それらを実行するやり方について、アウトラインを作成すること。

②組織（organizing）

権限の配置・配分を打ち立てること。それによって、作業諸部門が配置され、業務の範囲が明確になり、目標に向けて整理されることとなる。

③人事（staffing）

職員の採用、訓練および作業環境を良好に保つこと。

④指令（directing）

決定を下し、命令や指示を通して実現すること。

⑤調整（co-ordinating）

業務の中の諸部分をお互いにつなぎ合わせること。

⑥報告（reporting）

情報の提供、現在進行中である事項の認知の徹底。

⑦予算編成（budgeting）

これには、予算編成に付随する財政計画、会計および監査などの活動も入る。

問題でPointを理解する
Level 1 Q21

第1章

第2章

第3章

第4章

第5章

第6章

第7章

⑵背景

ニューディール政策が進む中で、連邦政府の機能は急速に拡大した。それに従い、行政府の機構の肥大化、多元化が結果としてもたらされた。ギューリックは、こうした状況の下で、執政長官の職務の特定化を試みたのである（これらは従来、単に「管理」あるいは「行政」とだけ呼ばれてきたものであった）。

組織運営の任務を、それ自体として組織化するという考え方が登場した背景には、肥大化し、複雑化した組織の運営を執政長官一人が行うことは不可能であるという認識があった。そこで、執政長官が担うべき職務を特定化し、職務ごとに執政長官を補佐する機構を設ける必要があるとギューリックは考えていたのである。

◉組織論における管理　繰り返し確認 ……………………………………【★★☆】

⑴テイラーの科学的管理法

テイラーの発案した課業管理と差別出来高払い制度は、「目標設定−指導統制−成果の評価」という管理サイクル概念の原型であった。これは、科学的に個々の労働力の標準的作業形態を決定し、組織的に職能として位置づけるというもので、賃金条件など物的刺激を与えれば生産管理は実現できるという考え方に基づくものであった。

⑵技術的行政学

テイラーが個人的分析の方法を提示したのに対し、フェイヨールは組織の組織体的分析の方法を提案した。フェイヨールが予測、組織、指令、調整、統制の５つを管理の要素とするように、技術的行政学は能率向上を目的とした経営過程の管理として成立した。なかでも正統派行政学と呼ばれるギューリックは「基本的善は能率である」として、能率向上の条件として管理を重視するのである。

⑶ホーソン実験と管理

メイヨー、レスリスバーガーらが参加したホーソン工場の実験は、従来の科学的管理法の経済人モデルとは対照的な人間観を提示するものであった。実験は照明の照度や休息時間と仕事の能率との関係を明らかにすることにあったが、仕事のはかどり具合は照明の照度や休息時間がなくても生産能率は上昇し因果関係は見つからなかった。メイヨーらは、集団が管理や能率で動くのではなく、インフォーマル組織の人間関係が重要であるとした。

A21　正解−3

1−誤　H. サイモンについての記述である。ギューリックは古典的組織論の立場にある。

2−誤　ギューリックは「基本的善は能率である」として、能率を最重要としている。

3−正　POSDCORB 理論により具体的な管理機能の改善策を提示した。

4−誤　PPBS は計画事業予算制度のことで、意思決定過程の合理化を目指すものである。

5−誤　ギューリックは古典的組織論、バーナードは現代組織論の代表的学者である。

Q22 行政管理

問 行政管理に関する次の記述のうち、妥当なものはどれか。 （地方上級）

1 シーリング・ナンバーでは、新しい行政組織や機関を設置しようとする場合には、それに見合う既存の組織を廃止するスクラップ・アンド・ビルドの方式をとる。
2 マネージメント・レビュー方式はそれぞれの組織が自主的にチェックする方式であるが、これは理論上のもので、いまだに採用されていない。
3 総量規制方式はあらかじめ事業を継続する期限を定め、その時点で必要性が認められない場合には原則として廃止しようとするものである。
4 インクリメンタリズムとは、予算編成にあたって前年度予算を前提とせず、毎年ゼロから査定していくものである。
5 PPBSは、予算編成に費用効果分析の手法を導入したものであるが、これは現在、イギリスの予算制度で採用されている。

PointCheck

●行政管理 【★☆☆】

(1)行政管理とは

行政管理とは、民主主義を念頭に置き、行政目標を達成するために、行政資源（人材、施設、資材、資金、情報等）を行政機構が効率的に活用することである。

アメリカでは、管理を表すAdministrationという語が、行政管理（Public Administration）、経営管理（Business Administration）の双方に使われている。どちらの目的も組織の管理、組織の効率的な運営にあるからである。

(2)行政管理の制約

経営管理が企業利益実現のためであるのに対し、行政管理は公益実現のためのものである。したがって、行政管理は公権力の行使が認められる。一方で、行政管理は、法的根拠を持ち、公平であり、倫理的に問題がなく、民主的であることが求められる。

(3)経営管理理論の導入

近年の行政活動においては、行政管理と経営管理とに共通する課題が多くなった。その背景には、社会保険や年金等を始めとする給付行政の急速な拡大がある。このため、アメリカ行政学は、経営管理の理論を行政管理の理論に積極的に導入していったのである。

●行政管理の理念 【★☆☆】

(1)行政の民主化と信頼性

民主主義体制の国家では、行政は国民のために機能することが前提である。そのためには、開かれた行政、行政の民主化と国民の行政に対する信頼性が、行政管理の基本原理として挙げられる。

(2)行政の効率化と総合性

　今日、行政国家の充実・深化に伴って、行政は質量ともに拡大してきている。そのため、行政活動の停滞やその機能麻痺を防ぐために、行政の効率化を図る必要が出てきた。行政の効率化を阻害するものとしては、組織の肥大化、硬直化、縄張り意識などが代表的なものである。これを是正し、効率化を推進するためには、政治の側からの判断と行政への積極的な関与が求められる。

(3)行政の先見性と対応性

　行政機関は基本的に保守的であるとされ、予算制度も硬直する傾向がある。そのために、行政の対応は何らかの問題を社会がはっきりと認識するようになった段階で始まりがちである。変化し続ける経済状況や社会状況に行政が対応するためには、変化を正確に見極め、柔軟に対応することが必要である。

◉具体的管理方式の概観…………………………………………………………【★★★】

(1)行政の肥大化・硬直化を防止する

　シーリング方式・キャップ制：予算の総額・上限を設定

　スクラップ・アンド・ビルト方式：行政組織の増大を防止

　サンセット方式：事業の期限や法令の時限法化によって、それらの増大を防止

　マネージメント・レビュー方式：管理機関の提言に基づき、各機関が自主的に内部管理

(2)政策・予算決定の合理化・効率化を図る

　計画事業予算制度（PPBS）：トップダウンによる意思決定の合理化と費用効果分析

　目標管理（MBO）：現場の判断を意思決定に反映するボトム・アップ方式

　ゼロ・ベース予算方式：予算編成の基礎をゼロから設定し、毎年査定し直す

　インクリメンタリズム：前年度実績を前提に少しずつ変化させる

(3)政策実施の達成度・合理性を測る

　プログラム評価（PE）：実施された政策目標の達成度を事後評価

　政策評価：政策の有効性や能率の判定

　新公共管理理論（NPM）：行政運営の効率化と活性化（顧客主義・成果主義・競争原理）

A22 正解ー1

1－正　妥当である。シーリング・ナンバーとは総量規制方式のことである。

2－誤　マネージメント・レビュー方式は、1972年から実際にイギリスで採用されている。

3－誤　本肢はサンセット方式（時限方式）についての説明である。

4－誤　インクリメンタリズムとは前年度予算を前提としてそれを少しずつ変化させるもので、前年度予算を前提とせずに毎年ゼロから査定していくのは、ゼロ・ベース予算方式である。

5－誤　PPBSはアメリカの予算制度である。

Q23 行政管理の手法

問 予算編成の手法に関する記述として、妥当なのはどれか。 (地方上級)

1 サンセット方式とは、対象の事業について一定の期限を設定し、期限が到来した時点で事業の廃止の措置が講じられない限り、事業を自動的に継続するという手法である。

2 シーリング方式とは、概算要求の段階から前年度予算に関係なく要求限度の枠を設定する手法であり、この手法では、事業の優先順位を明確にすることができる。

3 ゼロベース予算とは、すべての事業について、ゼロから出発して予算を編成する手法であり、この手法では、既定経費の見直しを徹底して行うことができる。

4 パフォーマンス・バジェットとは、費用・便益分析を軸にしたシステム分析の手法により、予算編成過程の合理化をめざす手法である。

5 PPBSとは、長期的な計画策定と短期的な予算編成とを切り離し、予算編成については長期的な計画策定にとらわれず、資源配分に関する組織体の意思決定を合理的に行おうとする手法である。

PointCheck

●行政管理の方法1──行政の肥大化・非効率化の防止‥‥‥‥‥‥‥‥‥‥‥【★★☆】

⑴スクラップ・アンド・ビルド方式

各省庁の内部機構の新設および増設に際して採られるもの。昭和43（1968）年に1省庁1局が削減されたことを始まりとする。その目的は、各省庁の内部組織の数を現状で凍結し、増加を抑えることにある。

組織改革の際には、国のみならず、地方公共団体でもこの方式が採用されている。

この方式では、局や部および課などの新設を要求する場合、その省庁は、同じレベルの組織を統廃合することを提案しなければならない。

⑵定員削減

定員を削減する方法の1つ。総定員法が昭和44（1969）年に制定されて以来、実施されている。削減を命じられた各部局は、退職者を補充しないことにより、空席となった定員を返上するというもの。こうして返上されてきた定員を旧総務省はプールし、どうしても必要な部署に新規増分を認めた。

⑶シーリング方式

昭和36（1961）年に始まる、財務省に各省庁が提出する概算要求の増額を抑える方式の1つ。増額に上限を設ける（天井をつける）ことからこの名がある。かつてとは異なり、経済の低成長、マイナス成長が常態化し、歳出に国民の厳しい目が向けられている今日、ゼロ・シーリングやマイナス・シーリングが普通になっている。マイナス・シーリングがある程度続くと、事業が自動的にスクラップ・アンド・ビルドされることになる。シーリングが低くなることに比例して、規定事業の規模は縮小され、経費も削減される。

(4)サンセット方式

　行政機関、行政上のプログラム、その他の法律について、ある程度時間が経った段階で再検討を行うというもの。1976年にアメリカのコロラド州で制定されて以来、広く採用された。議会によって必要性が認められ再度法律が成立しなければ、これらの機関、プログラムなどは自動的に廃止される。その目的は、議会の行政に対するコントロールを強化することで官僚制がもたらす非効率を防止し、その透明性を確保することである。

●予算管理についての意思決定の方向性………………………………………【★★★】

(1)トップダウン型

　PPBS（計画事業予算制度）…費用効果分析に基づく意思決定の合理化

　長期的なプラン（計画）を、中期的プログラム（施策）を媒介として、短期のプロジェクト（事業計画）に結びつける方法なので、トップダウンの意思決定が必要となる（目的が明確な国防予算では有効性が認められた）。

(2)ボトム・アップ型

　MBO（目標管理）…目標を協議で客観的に定め、組織内の協力で予算達成

　現場の職員の判断を優先して、ボトム・アップの意思決定で予算を管理する。

(3)混合型

　ZBB（ゼロ・ベース予算）…積算基礎をゼロから洗い直す

　現場から上がってくる予算をゼロから査定し直すが、上層部からはガイドラインや予算の総額が提示されるので、意思決定の流れは相互補完的となる。

A23　正解—3

1 —誤　サンセット（sunset）は日没、終局を意味し、初めに設定した期限で事業見直しを行い、継続の必要性が認められない限り、自動的に廃止する方式である。

2 —誤　シーリング（ceiling）は天井、最高限度を意味し、各省庁が提出する概算要求額の上限枠をあらかじめ設定するものである。概算要求枠の伸び率は前年度の予算を基準としており、前年と同額の場合がゼロシーリングである。また、上限枠を設定するだけであれば、具体的な事業の優先順位は明確にはならない。

3 —正　ゼロ・ベース予算方式（Zero-Base Budgeting；ZBB）とは、予算編成にあたって毎年ゼロから査定し直す方法である。経費の見直しを徹底し効率的に予算を配分して、急激な環境変化にも対応できることになるが、予算決定過程に大きなパワーと期間が必要となる。

4 —誤　本肢は、PPBS（計画事業予算制度）の説明である。パフォーマンス・バジェットとは、第二次世界大戦後、フーバー委員会が提言した実績重視の予算編成手法である。

5 —誤　PPBSは、①組織の基本目標と計画の策定、②具体的プログラム、③予算化、④代替案ごとに費用効果分析という過程をとる。①の長期的目標・計画と、③の短期的予算を、②の中期的プログラムで結び、④の分析を行うのである。

Q24 行政管理・政策評価

問 政策評価に関する記述として、妥当なのはどれか。 （地方上級）

1 ベンチマーキング方式とは、費用便益分析を軸にしたシステム分析の手法で、諸政策や諸事業間に優先順位をつけ、予算過程における意思決定の合理化を目指すもので、1960年代にアメリカの国防省に初めて適用された。

2 NPM（新公共管理）改革における業績測定では、政府活動の成果（アウトカム）ではなく、予算、人員、時間の投入量（インプット）や活動の結果（アウトプット）を評価の指標として用いる。

3 「行政機関が行う政策の評価に関する法律」では、各府省がその所掌に係る政策の評価を自ら行うことは認めず、総務省が客観性と統一性を確保して評価を行うこととしている。

4 日本における政策評価制度については、国の「行政機関が行う政策の評価に関する法律」の施行よりも早く、三重県で「事務事業評価システム」が導入された。

5 国が政策評価制度を法制化しているのと同様に、地方公共団体においても、政策評価制度を条例によって制度化しており、内部的規範である要綱によって制度化している地方公共団体はない。

PointCheck

◉行政管理の方法2──政策・予算決定の合理化・効率化‥‥‥‥‥‥‥‥‥‥‥【★★☆】

⑴計画事業予算制度（PPBS：Planning, Programming and Budgeting System）

1960年代後半、ジョンソン政権時代に連邦政府で広範に活用された管理手法。

PPBSの特徴は、①政府や政策の事業に優先順位をつける、②専門家主導の予算編成過程における意思決定の合理化を目指す、③費用便益分析を取り入れる、④有効性と能率について事前評価となる、などの点に現れてくる。

このPPBSは、費用便益分析を事後ではなく事前にすることの困難さや、合理的に優先順位で規律しようとしたことからうまくいかず、1970年代ニクソン政権時に廃止された。

⑵目標管理（MBO：Management by Objects）

1950年代の中頃から、ドラッカーやマクレガーらを中心に提唱されてきた管理概念。

業績向上の実現を目指す上で、最初に組織の最高責任者が組織全体の目標を提示し、組織のメンバーが全体目標を実現するために各々自主的に目標を設け、これらの目標の実現を軸として組織の活動の効率化を図るというもの。1970年代前半、行政管理の方法としてニクソン政権時代に導入された。

▼目標管理が前提とする考え
・人間の能力を十分に引き出すには、主体的に行動させた方がよい。
・組織の各メンバーが求める目標と組織の目標とが、互いに関連したり一致したりすることに比例して、高い組織効率が期待できる。

問題でPoint を理解する
Level 1 **Q24**

第1章
第2章
第3章
第4章
第5章
第6章
第7章

⑶ゼロ・ベース予算（Zero Base Budgeting）

　予算管理責任者は、予算が組まれる際、組織単位または事業計画すべてに関して、「決定パッケージ」という形態の資金要求を求められる。

　ゼロ・ベースといっても、実際に「すべてゼロからやり直す」というものではない。漸増主義（インクリメンタリズム）的な予算編成との違いは、漸増主義が前年度の実績を起点に増減するという「変更部分のみの検討」であるのに対して、ゼロ・ベース予算は部分的ではなく「資金の要求や計画を全体を通して見る」という点にある。

　この方法は、主に 1970 年代にアメリカの各レベルの政府で導入が始まり、1970 年代後半には、カーター政権において連邦政府レベルでも採用された。

◉行政管理の方法３－政策実施の達成度・合理性の評価 ……………………【★★★】
新公共管理（NPM：New Public Management）

　1980 年代サッチャー政権の下で着手され、継承された政策である。今日の行政国家の拡大した行政活動を、管理が容易なものにするために可能な限り分割し、国民が参加したり国民の手で監視・統制したりすることを推進していこうとするもの。顧客主義、成果主義、競争原理がこの管理の原則である。この管理は具体的には、国営企業の民営化、市民の参加拡大、規制緩和、民間委託の拡大などの形をとっている。

◉日本における政策評価の現状……………………………………………………【★★★】

　2001 年の省庁改革で総務省に設置された行政評価局が行政評価を担当する。評価対象は全省庁が行う直轄事業・補助事業（公共事業計画・研究開発計画・ODA など）で、事前のみならず事後も対象となる。加えて、政策実施に関し省庁に勧告を行うことも職務に含まれる。個々の省庁にも政策評価部門は設置され、白書などを通じ評価・勧告が公表される。

A24 正解ー4

1－誤　本肢は PPBS の説明になっている。ベンチマーキング方式とは、行政目標としてのベンチマーク（指標・水準点）を設定し達成度を測定するものである。

2－誤　NMP では、顧客主義、競争原理を基本とするが、業績評価の面では成果主義を管理の原則とする。インプット（資金・人員・時間）やアウトプット（事業量・産出量）ではなく、どれだけ社会的に効果や価値が認められるかというアウトカム（成果・貢献）が指標として用いられる。

3－誤　政策評価法は、総務省の行政評価局の行政評価だけでなく、個々の省庁にも政策評価部門を設置することとしている。

4－正　政策評価法は 2001 年成立で、三重県の事務事業評価システム（現みえ政策評価システム）は 1995 年から開始している。

5－誤　地方自治体の政策評価制度は、各個別に条例、規則、要綱により規定され実施されており、必ずしも条例で制度化されなければならないわけではない。

Q25 リンドブロムの漸増主義

問　C.E.リンドブロムの漸増主義に関する次の記述のうち、妥当なものはどれか。

（地方上級）

1 漸増主義は、決定作成に関する統計的決定理論であって、純技術論的立場をとっており、いかなる決定をするべきかという決定についての規範的モデルではない。

2 漸増主義は、行政の政策形成がすでにビルトインされた目標価値にあわせて、諸手段を調整していく連続的なフローチャートとなる。

3 漸増主義は、多元的民主社会における行政官は、既存の権力構造に拘束されずに政策を合理的に決定し、政策上の飛躍的変更を行うことが可能であるという前提に立っている。

4 漸増主義の意図は、議会の修正議決による政策変更がいかに効果的に行政機関の実施を確保できるかを説明することにある。

5 漸増主義は、政治資源に十分な余裕があり、かつ「ゲームのルール」の順守の必要のない社会において最も有効に機能する。

PointCheck

●インクリメンタリズム（漸増主義／増分主義）…………………………………【★★★】

　意思決定に関し、あらゆる手段を考慮し最適な手段を選択し得るという前提に立つ合理的選択理論は、実際にはあり得ない人間行動を前提としたものだとリンドブロムは批判する。彼はそれに代わる理論として、行政は当面の目標に対して、数少ない選択肢を検討し、影響の少ないものから手をつけるべきものだと主張する。

　インクリメンタリズムでは、政策決定者の行動基準は次のようなものになるとされる。

①政策立案の目的は、理想の目標を目指すのではなく、現実に存在する解決が迫られている問題を除去することにある。

②所属機関とその対象集団の利益を念頭に置いて政策立案は行われる。つまり、それ以外の集団の諸利益は政策立案には反映されない。

③目的と手段が一組とされる政策案が作られ、実行可能と見える2〜3の代替案を見つけた段階で政策案の追求は終わり、この中から最適なものを見つけられれば、それで完了となる。インクリメンタリズムの目的は、現在の問題を一遍に解決するのではなく、政策の修正や転換を何度も行い、少しずつ解決を目指すことにある。

●多元的相互調整の理論………………………………………………………………【★★★】

　各々の政策決定者は、多くの場合、自らの利益を念頭に置く。その行動理念は、利己主義と現実主義に立つ。しかし、利己的な参加者が自らの利益のみを追求しているにもかかわらず自動的に均衡・調和に向かう市場原理のように、さまざまな多元的な集団の利益を追求している人々の行動が相互に調整を受け、結果として公共の利益に沿うものになるとリンドブ

ロムは指摘した。これを多元的相互調整の理論という。インクリメンタリズムの理論と対をなすもので、行政の現実的な行動の結果が、一種の予定調和をもたらすと考えるのである。

● **多元的相互調整の理論への批判**……………………………………………………【★★☆】

集団利益の中には、現実の政治過程に組織化されていないものもある。すべての集団利益がそれにふさわしい形で自らの利益を訴え、認められるわけではない。よって、現在ある政治諸集団の相互の調整から政策形成が行われている限り、公共の利益が正しく実現することは不可能である。

● **混合走査モデル** 理解を深める ……………………………………………………【★☆☆】

あらゆる政策立案に関して、合理的な選択を行うことは不可能である。それは組織が時間・労力・資源を無制限に使うことができないからである。このような観点から、ほとんどの政策立案については、全体状況をみてからインクリメンタリズムのアプローチで行動するが、ごく少数の重要な政策立案に関しては、合理的選択の規範に従った上で綿密に分析を行っていると、A.エチオーニは主張した。

混合走査モデルの根底には、政策立案は多種多様であるので、あらゆる政策立案を同列に検討しなくともよいだろうという考えがある。一方で、エチオーニは、どのような政策立案が綿密な分析を必要とし、どのような政策立案がそれを必要としないものなのかについて基準を提示しておらず、それを問題にする見解もある。

A25 正解ー4

1ー誤 インクリメンタリズムは、政策変更の程度が政治的影響力によって抑制されるから、政策は現にある政策を前提として決定され、少しずつしか変化しないというものである。したがって統計的決定理論ではない。

2ー誤 インクリメンタリズムは、政策が少しずつしか変化しないことを前提としている。したがって、固定された目標ではなく、手段に応じて変化していく。

3ー誤 インクリメンタリズムは、実際の政策決定がさまざまな影響の下にあることを前提として現実的な政策決定を行うという観点に立っている。既存の権力構造に拘束されず、合理的な決定を行うことは現実的とはいえない。

4ー正 現実の政策決定では、さまざまな政治的要因の影響を受けざるを得ない。

5ー誤 現実の政治過程では、限られた政治的資源しか存在しないことから、それをいかに調整するかという問題が生じる。このような前提の下に考えられたのがインクリメンタリズムである。

Q26 能率に関する理論

1 二元的能率観によれば、同種類の行政の中でも、単純な段階では規範的能率が適用され、複雑な段階では客観的能率が適用される。

2 機械的能率とは、作業成果という計測可能な客観的基準と、行政目的による評価にしたがって、その能率の高低を評価する概念である。

3 社会的能率とは、行政の社会的有効性を基準として能率の高低を評価する概念であって、科学的管理でいう作業過程における能率と同一である。

4 機械的能率では、業務に従事する人間や業務の対象となる人間の価値を無視しやすいという批判から、規範的能率概念が提唱された。

5 社会的能率概念に対しては、この基準による能率測定だと、行政における労力・時間・経費の浪費に対する弁明になりやすい、という批判がある。

PointCheck

◉行政学における「能率」 ……………………………………………………【★★★】

行政学は、もともと行政の能率をいかにして上げるかという実践的な目的を持って発達した学問である。そのため、能率が行政学の中心的な概念となっている。能率に関しては、機械的能率と社会的能率という2つの概念がある。

(1)機械的能率

機械的能率とは、最小のコスト（労力・時間・費用）によって最大の効果を達成しようとする考え方である。F.W. テイラーの科学的管理法の下に提唱された概念であり、技術的行政学の成立当初において最高の価値とされた。「基本的善は能率である」とするL.H. ギューリックの能率観も、これと同じものと考えられる。

しかし、人間を組織の歯車のように扱い、非人間的な評価の仕方であるとの批判がある。

(2)社会的能率

社会的能率とは、行政の社会的有効性を能率の基準とする考え方で、M. ディモックらが提唱した能率観である。社会的有効性とは、組織に参加している人々の「満足感」を判断基準とするものである。満足度が高ければ能率が高いということになる。メンバーの満足感が高ければ貢献意欲が増し、それによって組織が拡大・発展すると考えるのである。

しかし、メンバーの満足度が高ければ能率が高いとすることから、労力・時間・費用の浪費を正当化する危険性がある。

●二元的能率観･･【★★★】

　社会的能率観は、正統派の教義より独断的・教条的であり、能率の解釈過剰となるという問題を抱えた。D. ワルドーは、二元的能率の概念によってこの問題をクリアしようとした。ある目的にとって能率的なことであっても、それは他の目的にとっても能率的であることを保証しない。能率は、目的に依存しているのである。したがって、能率は、①目的達成度と②手段自体の合理性に分けて計測すればよいと考えられる。ワルドーの言葉では、価値（目的）に奉仕する度合いで計られる規範的能率と、記述的に計量できる客観的能率という2つの概念があることになる。

●能率性と有効性･･【★★☆】

　行政は、能率性と有効性という基準で一般的に評価される。

　能率性は、投入された資源とその効果との比率の観点から評価を下すものである。有効性は、初めに設定された目標水準を基に、それがどのくらい実現されたかといった観点から、政策や事業計画などの実施結果の評価を下すものである。

　能率性と有効性とは対置される評価基準となる。どちらも重要な評価基準であるが、有効性に関しては、評価基準の設定によっては、満足な反応が得られない場合がある。また、有効性は、政府にさらなる努力を求める上では意味があるかもしれないが、予算や定員で制約がある中で、実行される政策実施活動を評価するには問題があるとする見解もある。同じコストでより大きな効果を上げる可能性を、有効性が考慮しないためである。

●能率性の限界･･･【★☆☆】

　能率性には問題もある。その理由は次のようなものである。

①政策や施策の作業量や事業量の成果といったものを数量化した調査研究が整備されていない。

②数量化するための指標をどれにするか、換算率をどのようにするのかといったことについて合意ができにくい。そのために、数量的に測定したり比較したり評価したりすることが容易ではない。

A26 正解ー5

1－誤　二元的能率では、単純なレベルでは客観的能率が適用され、複雑なレベルでは規範的能率が適用される。したがって、本肢の記述は客観的能率と規範的能率の適用される場面が反対である。

2－誤　機械的能率とは、最小のコストで最大の効果を上げるという数量による比較である。したがって、能率は価値中立的なものであって、行政目的は考慮されない。

3－誤　社会的有効性とは、組織に参加しているメンバーの満足度などを基準とするものである。科学的管理法では機械的能率が適用される。

4－誤　機械的能率に対する批判から、社会的能率が提唱された。

5－正　妥当である。社会的能率観に対しては、このような批判がある。

Q27 能率観

問 能率に関する次の記述のうち、妥当なものはどれか。 （国家一般）

1　L. ホワイトは、入力・出力の比として能率を考え、能率は計測可能な客観的基準に従ってその高低を評価すべきだとする、バランスシート的能率概念を提唱した。
2　L.H. ギューリックは、民主政治においては非能率的な制度であっても公共のためには存在の必要があるとし、能率を行政の価値体系の基本とすることを否定した。
3　M. ディモックは、行政における能率の意味は機械的・功利的に理解することであるとし、能率は節約に基づくとした。
4　H. サイモンは、公私の組織の間には本質的差異があるとし、能率とは最小の労力と費用によって行政目的を達成することに他ならないとした。
5　D. ワルドーは目的を離れた能率は存在しないとし、ある目的にとって能率的であるということは、必ずしも他の目的にとって能率的なことを意味しないとした。

PointCheck

◉能率の概念の導入‥‥‥‥‥‥‥‥‥‥‥‥‥‥‥‥‥‥‥‥‥‥‥‥‥‥‥‥【★☆☆】
　19世紀から20世紀にかけて、いわゆる「小さな政府」をよしとするアメリカにおいても、行政機構の拡大が見られるようになった。そのような事態を受けて、民間企業で経営方式として広く採用されていた科学的管理法が、行政の分野にも採用されるようになった。能率の概念はこうした状況に伴い、行政活動を評価する基準として導入されたものである。

◉「能率」の３つの用語法　理解を深める‥‥‥‥‥‥‥‥‥‥‥‥‥‥‥‥【★★★】
能率という言葉には、３つの用語法があるとされる。（西尾勝）
⑴第一の用語法は、民主主義に不可欠のものとして能率をとらえるものである。
　それはウィルソン『行政の研究』にまでさかのぼる。ウィルソンの主張の出発点は、政治の正当性を支えるものは、行政活動の拡大とその有効性であるという認識にある。彼は、民主制国家においても、政府の統制ばかりに注目するのではなく、政府の活性化に努め、公務員制を有能な専門行政官で構成されるものに変えていく必要性を主張する。彼にとって、民主制原理に官僚制を付け加えた政府こそが「能率的な政府」であった。
　また、A. ローウェルは、その論文「民主的政府の専門行政官」において、アメリカの政治を素人による非能率的な政治、ヨーロッパの政治を専門家が支えている能率的な政治であると定義した。
　ウィルソン、ローウェル両者の能率観はともに、具体的な意味内容を持たない漠然としたものである。ここでは、仕事の速さや有能さが能率的とされている。
⑵第二の用語法は、特定の活動に投入された資源とその活動の成果との対比を能率と呼ぶものである。

ここでは、1つ1つの活動の成果を評価する。つまり、最も能率的な方法とは、最小の
コストで最大に効果を上げるものである。ニューヨーク市政調査会系の人々が能率のこの
ような用い方を普及させた。彼らは科学的管理法の影響を強く受けていた。

この概念は、サイモンによってその後精緻化され、最も正統な能率概念であるとされる。

⑶第三の用語法は、能率的であるか否かの判断基準を、組織活動に対してその参加者が抱
いている満足感の度合いと見るものである。

M.ディモックは、従来の能率観を機械的であるとし、組織の職員のモラール（やる気）
と、組織に所属していることから得られる満足感、ならびに組織が生産・供給している財・
サービスによって、消費者などがどのような満足感を抱いているかによって決まる、とい
う社会的能率観を真の能率として提示した。

類似の能率観は、バーナードによっても提示されている。彼はまず組織活動の有効性と
能率性を分けた上で、有効性を組織目的の達成レベルのことであるとし、能率性を、職員
をはじめとして広く組織活動に参加している人々が抱いている満足のレベルであるとし
た。

ディモックらの議論の前提は、組織活動に貢献している人々の満足感が高ければ、その
組織活動は自ずと拡大発展するというものである。これは人間関係論の主張を反映したも
のである。

A27 正解―5

技術的行政学では、能率を「投入と産出比率」で評価し、最小の努力で最大の成果を
上げるものが最も能率的だと考える。この機械的能率を至上の価値とし、能率以外の価
値を追放する立場である。正統派を批判したサイモンであっても、能率観では機械的能
率観を前提とした主張を展開する（バランス・シート的能率）。

これに対して機能的行政学ではディモックの主張する社会的能率観に立つと考えてよ
く、組織職員の勤労意欲・満足感と消費者の満足感によって計られるものとする。ただ
し、ワルドーは折衷的な二元的能率概念を主張している。

1－誤 バランスシート的能率観は、H.A.サイモンが提唱した能率観で、機械的能率
をさらに理論化したものである。

2－誤 ギューリックは「基本的善は能率である」として、能率を最高の価値とする考
え方をとっている。

3－誤 能率を節約と類似のものと考えるのは、機械的能率観である。ディモックは、
組織に参加している人々の「満足感」を判断基準とする社会的有効性によって
能率を判断する、社会的能率観をとっている。

4－誤 サイモンは、単純な機械的能率観を批判している。

5－正 本肢はワルドーの二元的能率観の説明である。彼は目的を離れた能率は存在し
ないとし、目的に応じて2つの能率（規範的能率、客観的能率）の基準をとる。

Q28 政策形成

問 政策形成に関する次の記述のうち、妥当なものはどれか。 （地方上級）

1 政策産出分析は、政策と社会経済的環境条件との相関関係をミクロな次元から調査するもので、実際の調査から、政策と社会の産業化や都市化との相関は高く、所得水準や教育水準との相関は低いことが確認されている。

2 イーストンは、有権者の打算的行動に注目し、有権者は政策から受ける便益と課税される費用の利害関係を秤にかけて、その間の最適の均衡点を求めると分析した。

3 ダウンズは、有権者と政治家との関係に着目し、有権者は政策を要求すると同時に政治的支持を与え、政治家は政策を実現することで、両者の間に政治的交換が成立するとした。

4 リンドブロムは、増分主義に基づいて、政策形成が行われるときは、社会の多元的な利益が相互に調節されることがないため、公共の利益が達成されにくくなる問題があると指摘した。

5 政策立案および政策転換にかかるコストに着目すると、他の国や自治体が実施済みの政策を模倣する場合は、政策立案コストは新規の政策開発より小さくなるが、政策転換コストは現行業務の微修正より大きくなるとされる。

PointCheck

◉**政策形成の意義**・・**【★★☆】**

政策は、行政活動の根拠・目標となるもので、方針・構想・計画などの総称である。政策の構成要素は、複数の立法形式で分散されて定められるケースが多い。一部は法令、一部は予算、行政規則に規定されるといった具合である。さらに、政策の一部には、首相・大臣が行った演説や国会での答弁、記者会見での発言などにおいて示された方針なども含まれる。

◉**政策過程**・・・**【★★☆】**

政策過程は、次の5つの過程から構成される。

①**課題設定**：行政府として、公共政策の課題が何であるかを認知する過程

②**政策立案**：行政府が問題解決に必要とする手段・方法を検討し、政策原案を決定する過程

③**政策決定**：行政府として、公式に政策を決定する過程

④**政策実施**：政策を具体的に執行していく過程

⑤**政策評価**：実施した政策についてその受け手である国民、住民がその効果について決定を下す過程（この政策評価が第1の過程である課題設定にフィードバックされる）

◉**政策立案と政策決定の理論**・・・**【★★☆】**

(1)政策立案と政策決定の合理性

政策立案や政策決定は、現実を重視するあまり保守的になり、現状に何の変化ももたら

さないものになってしまうことが往々にしてある。担当者が政策立案や政策転換の労力・時間・経費のコストを重視し、利害関係者の合意を得やすい手段をとろうとするからである。しかし、それが合理的な政策案だといいきることはできない。

それゆえ、行政学では多種多様な規範モデルが提唱されている。A. ダウンズの合理的選択理論、H.A. サイモンの満足化モデル、C.E. リンドブロムのインクリメンタリズム理論と多元的相互調整理論などが挙げられる。

⑵合理的選択理論

政策立案作業の合理化を目的とした規範理論が、合理的選択理論である。事実認識や価値判断が完全であり、かつ総合的であることを前提とする。価値実現の最大化、つまり最適化の要求が目標であるため、最適化モデルまたは総覧的決定モデルとも呼ばれる。

ただ、価値の多元化やある対象の情報を完全に得ることはできないという現実の制約のため、現実の政策決定、政策評価に幅広く応用されているわけではない。

⑶ G. アリソンの政策決定モデル

キューバ危機での政策決定過程を分析して３つのモデルを提示した。
①合理的行為者モデル：明確な目標を持つ政府（単一のアクター）が合理的に政策を選択
②組織過程モデル：複数の政府組織（複合体）が影響しあい政策を決定
③官僚政治（政府内政治）モデル：政府内の個人（大統領や官僚）の影響により政策決定

Level up Point!

組織の意思決定がいかなるかたちで行われているのか、また最善の意思決定の仕方はいかなるものかについて議論がされるが、それらの多くは人間は制約のある存在である以上、最適解を出すことはほぼ不可能という大前提に立っている。それぞれの主張の守備範囲と、どの程度の目標を達成するかまでを考えているか、あわせて確認する。

A28 正解ー5

1－誤　政策産出分析とは、マクロの観点に立って政策形成の分析を行うものである。T. ダイや I. シャーカンスキーらにより用いられた。

2－誤　イーストンが示した政治システム論は、市民が政策に関する要求と政治上の支持を政治システムに入力すると、政策に変換されて出力されるというものである。

3－誤　A. ダウンズの提示したモデルは、課税される費用（cost）と政策から受ける便益（benefit）との損得関係を天秤にかけ、有権者はその間の最適の均衡点を求めるというものである。

4－誤　リンドブロムは、個々の政策決定者が自己の利益が極大化するように利己的で現実主義的な行動をしても、多元的な集団の利益を代表する人々の多元的な価値基準に従って相互に調整された結果として形成された政策は、公共の利益に沿ったものになるとした。

5－正　模倣というやり方は、それを行う政府にとっては新規の政策を行うことと同じである。それゆえ、模倣による政策転換のコストは大きいとされる。

第1章

第2章

第3章

第4章

第5章

第6章

第7章

Q29 行政の計画

問 **行政における計画に関する次の記述のうち、妥当なものはどれか。** （国家一般）

1 アメリカでは、計画とは経済計画・社会主義経済を意味し、自由主義・市場経済・私有財産制に対立するものと考えられた。そのため、計画行政は導入されることはなかった。例えば、土地所有権・財産権という私権への制限を伴う都市計画も、アメリカではほとんど発達しなかった。

2 計画は、通常は未来の事象にかかわるものであり、何ヶ年かの計画期間を設定したものが多い。しかしながら、未来の状況の予測は困難ないし不可能であるから、予測に依存する部分は、計画には盛り込むことはない。

3 行政の認識能力と制御能力は不完全であるから、計画の策定は、複雑な社会事象を極めて単純化することでなされる。その意味で、いわゆる「総合計画」も、「完全な意味での総合性」を有するとは考えられない。したがって、計画に対しては不完全だという批判もある。

4 新自由主義、あるいは新保守主義と呼ばれる世界的な潮流の変化の中で、行政の計画能力には大きな疑念が生じてきた。わが国でも、それまでは多数策定されていた各種の計画は、1980年代以降になると激減した。その代表例は国土計画である全国総合計画であり、1980年代以降は策定されていない。

5 わが国では、計画行政が進展したのは主として国レベルであり、市町村などの地方自治体では、総合計画が策定されることはまれであった。なぜなら、計画の策定においては、多大なノウハウが必要であり、小規模な地方自治体にはこのような専門的能力が十分にはないからである。

PointCheck

●行政計画･･･【★☆☆】
行政活動における計画と呼ばれる活動には、次のような3つの共通要素があるとされる。
①（組織内外の）人々の将来の行動のための提案であること。
②（明細の程度は異なるものの）何らかの目標あるいは基準を述べたものであること。
③これら上記の目標実現のため、一定の関連のある行動の系列が示されていること。

●行政活動としての計画の種類･･････････････････････････････････【★☆☆】
①期間別の分類：短期計画（単年度）、中期計画（3年前後）、長期計画（10年前後以上）
②対象領域別の分類：総合計画（経済・福祉計画など）、管理計画（人事計画、財政計画など）
③目標形態別の分類：有形目標か無形目標かの区別
④効果別の分類：計画の実効性がどの程度確保されているかによる区別指示的計画（指針として目標）、誘導的計画（目標達成を利益・不利益で保証）

第1章

第2章

第3章

第4章

第5章

第6章

第7章

◉**地方自治体の計画**……………………………………………………………………【★★☆】

　地方自治体の行政活動の重要な指針は、10 年、15 年を単位として策定される基本構想と基本計画である。しかし、計画が拘束力を直接には持たないことも多く、その効用はわかりにくいとされる。3 ～ 5 年の中期のものが実施計画として立てられることもある。

◉**行政計画の根拠**……………………………………………………………………【★★☆】

　①法令に基づき策定されるもの、②行政機関が独自の判断で策定するものがある。

　法令に基づく例

　　　国土形成計画法による国土形成計画全国計画、広域地方計画。

　※地方公共団体が策定する地域振興のための計画は、首長が独自の判断で行うことが多い。

◉**パブリック・インボルブメント（PI）** 理解を深める ……………………………【★☆☆】

　行政機関が政策を決定したり、事業を実施したりする際に、事前にその内容を公開し、それに対する市民の見解を得るための機会を設定し、それを実際の政策に生かしていくという考え。アメリカでは、1991 年以降、道路行政でパブリック・インボルブメントが重点政策となった。日本では 98 年の建設白書に登場するが、97 年の河川法改正で住民意見を反映させる手続きが義務化され、さらに 2002 年の都市計画法の改正で、土地所有者や NPO などが都市計画の素案を提出することができるようになった。

Level up Point！ 　近年、行政活動の透明性を求める声は高く、行政計画の段階での参加も重要なものと見なされるようになった。その代表例がパブリック・インボルブメントである。

A**29** 正解－3

1 －誤　政府計画の導入が、アメリカで強く警戒されたのは事実である。しかし、行政活動の計画化志向は、現代国家にほぼ普遍的な現象であり、アメリカも例外ではなかった。

2 －誤　「未来性」は計画に固有の性質であり、予測や目標数値を計画に盛り込むものも多い。ただ、自己実現的予言や自己否定的予言となってしまうことの問題性も指摘されている。

3 －正　総合計画（経済計画・国土計画・予算）といわれるものも、全行政活動の全側面を網羅的に捕捉しているものではないといわれている。

4 －誤　わが国では、1962 年の池田内閣以来 1998 年の橋本内閣まで、5 次にわたる全国総合開発計画が国土総合開発法に基づき策定されている。現在では国土形成計画法に基づく国土形成計画全国計画が 2008 年 7 月に閣議決定され、広域地方計画が 2009 年 8 月に策定された。

5 －誤　行政計画の多くは、地方自治体で策定されるものである（土地利用計画、都市計画、地域医療計画、老人保健福祉計画、生涯学習計画等）。

Q30 わが国の予算制度

問 我が国の予算制度に関する次の記述のうち、妥当なのはどれか。 （国家一般）

1　マスグレイブは、政府の行政活動の財源を保障している財政は、三つの政策的機能を持つとした。このうち、資源配分機能とは、低所得者に対する非課税、高所得者に対する累進課税、社会保障関係費の支出などの財政措置を通して、資源を配分する機能である。

2　予算編成に当たっては、例年、各府省からの概算要求提出の前に、概算要求基準が決定される。この概算要求基準は、歳出規模を抑制することを目的としており、平成 23 年度予算の概算要求基準においては、従来認められてきた「要望枠」が廃止されたことから、各府省の平成 23 年予算額は前年度当初予算額の 90％以下に抑えられた。

3　建設国債以外の国債、すなわち赤字国債は、健全財政主義の観点から財政法では発行が認められていない。しかし、実際には、1 年限りの公債特例法を制定することにより、赤字国債を発行している。

4　憲法上、予算の作成・提出権は内閣に専属するが、予算の成立には国会の議決が必要とされている。国会は、予算を議決するに当たり、これを否決することはできるが、予算の修正の動議や組替えの動議は、内閣の予算作成・提出権に抵触することとなるため、認められていない。

5　憲法上、国の収入支出の決算は、全て毎年会計検査院がこれを検査したうえで、内閣は、当該決算について国会の承認を得なければならないと規定されている。検査を行う会計検査院は、内閣に対して独立の地位を有し、3 人の検査官から構成される検査官会議が意思決定機関となっている合議制の組織である。

PointCheck

●現在の予算編成と管理‥‥‥‥‥‥‥‥‥‥‥‥‥‥‥‥‥‥‥‥‥‥‥‥‥‥‥‥‥‥‥‥【★★☆】

⑴予算編成の流れ（平成 27 年度の例、暫定・補正含む）

　　①概算要求

　　　（平成 26 年 7 月 25 日）概算要求基準閣議決定

　　　（平成 26 年 9 月 3 日）各省各庁の概算要求

　　②政府案

　　　（平成 27 年 1 月 14 日）平成 27 年度予算政府案閣議決定

　　　（平成 27 年 2 月 12 日）政府案国会提出、審議開始

　　③暫定予算

　　　（平成 27 年 3 月 27 日）暫定予算案閣議決定、国会提出

　　　（平成 27 年 3 月 30 日）平成 27 年度暫定予算案は政府案どおり成立

　　④本予算

　　　（平成 27 年 4 月 9 日）平成 27 年度予算は政府案どおり成立

問題でPoint を理解する
Level 2 Q30

第1章

第2章

第3章

第4章

第5章

第6章

第7章

⑤補正予算

（平成 27 年 12 月 18 日）平成 27 年度補正予算閣議決定

（平成 28 年 1 月 4 日）国会提出、審議開始

（平成 28 年 1 月 20 日）平成 27 年度補正予算は政府案どおり成立

⑵概算要求基準

各省庁が「概算要求」（必要な予算額）を財務省に提示する前に、財務省が額の上限を設定して各省庁に通知する予算方針（「令和○年度予算の概算要求に当たっての基本的な方針について」）のことで、予算全体としての規模を一定の基準におさめるシーリング方式である。たとえば平成 27 年度では、「民需主導の経済成長と財政健全化目標の双方の達成を目指し、メリハリのついた予算とする。そのため、施策の優先順位を洗い直し、無駄を徹底して排除しつつ、予算の中身を大胆に重点化する」として、国の重点投資政策・方針を明示する意味もある。

●財政の３大機能（マスグレイブ）……………………………………………【★☆☆】

①資源配分機能：警察・道路、公害（外部不経済）対策、電力・鉄道事業など

市場メカニズムが機能しない公共財・外部性・費用逓減産業を政府が補完する機能

②所得の再分配機能：累進課税制度、社会保障給付

所得分配に不公平や格差が存在するときに政府が是正する機能

③経済の安定化機能：フィスカル・ポリシー、ビルト・イン・スタビライザー

完全雇用と安定した経済成長を実現していくための政府の役割

Level up Point!

行政学には各専門分野の総合・応用科目という特徴がある。憲法・行政法や財政学・経済政策などの他の科目とのシナジーを生かせるかどうかが、本問のような問題を確実に得点できるかどうかの分かれ道になる。科目選択制の国家一般職では、今後もこのような出題は予想される。

A30 正解ー3

1 －誤　非課税・累進課税・社会保障などは所得再分配機能である。資源配分機能とは、市場メカニズムで供給されない、公共財（国防・警察、公園・道路、教育）などを供給することである。

2 －誤　政権交代でいったん廃止した概算要求基準（シーリング）は平成 23 年度予算で復活されたが、概算要求を削減した分を「元気な日本復活特別枠」（要望枠）として各省に配分した。結果的に、平成 23 年度は当初予算で前年を上回った。

3 －正　赤字（特例）国債は 1975（昭和 50）年から、1990 ～ 93 年を除く毎年度発行されている。建設国債も、1966（昭和 41）年以降毎年度発行されている。

4 －誤　予算の議決だけでなく国会には減額・増額修正がともに認められる。ただ増額修正は予算の発議に等しいので、予算作成提出を内閣の専権とした趣旨から、予算の同一性を損なうような修正は認められないとする見解が有力である。

5 －誤　決算はすべて毎年会計検査院が検査し、次年度に内閣が検査報告とともに国会に「提出」するのであって、「承認」が必要とはされていない。

第4章

日本の行政組織

Level 1 p70〜p83　　Level 2 p84〜p89

1 内閣とその補佐機構

Level 1 ▷ Q32

国の「行政権は、内閣に属する」（憲法第65条）⇒内閣統轄の下に行政機関を設置。
補佐するための機構：内閣官房、内閣法制局、人事院、安全保障会議 ▶p70 ▶p72

2 わが国の中央省庁

Level 1 ▷ Q31　Level 2 ▷ Q39

内閣ー中央省庁（1府12省庁体制） ▶p71
　1府　　内閣府
　12省庁　総務省、法務省、財務省、文部科学省、厚生労働省、農林水産省、経済産業省、
　　　　　国土交通省、環境省、外務省、防衛省（平成19年昇格）、国家公安委員会（警
　　　　　察庁）、復興庁（設置期限がある特別な省庁）

3 行政機関の組織構成

Level 1 ▷ Q31,Q33,Q35　Level 2 ▷ Q38

⑴日本の行政機関の組織
　内部部局（府省・外局の組織内）…官房、局、部、課、室
　付属機関…審議会、協議会、研究所、試験所
　地方出先機関…地方支分部局
⑵公務員の任用制度 ▶p74

比較項目	閉鎖型任用制	開放型任用制
基本的制度	終身雇用・年功序列 中途採用は例外	終身雇用・年功序列ではない 中途採用も可能
理念	はじめに職員ありき ゼネラリストを求める	はじめに職務ありき スペシャリストを求める
労働力の移動	想定せず	想定する

4 行政組織の組織形態

Level 1 ▷ Q34

原則：単独制（独任制）…単独の長を頂点としたピラミッド型の組織形態 ▶p76
例外：合議制…複数人の合議による組織形態（内閣、行政委員会、審議会）

5 行政委員会と審議会 　　　Level 1 ▷ **Q36,Q37**　Level 2 ▷ **Q40**

行政組織が原則として単独制の組織形態をとるのに対し、合議制の形態をとるのが行政委員会と審議会。

	行政委員会	審議会
組織の形態	合議制	
組織の性格	執行的性格 独立性	諮問的性格 付属性
目的	①政治的中立性の確保 ②専門的・技術的知識の導入 ③慎重な手続きを必要とする問題に 　公正に対処	①行政へ世論を反映 ②専門的・技術的知識の導入

⑴行政委員会 ▶p80

①行政委員会とは

通常の行政機関からある程度独立して行政的な規制等を行う執行的な性格を持つ機関（学識経験者や各界の利害関係者など数名の構成員からなる）

　　国レベル：国家公安委員会、公正取引委員会など

　　地方レベル：選挙管理委員会、教育委員会など

②独立的性格の根拠

行政委員会が行政において政治的中立性を確保し、また専門的・技術的な知識を行政に導入し、さらに慎重な手続きを必要とする問題に公正に対処するという目的を達成するため。

③行政委員会の機能

行政委員会は通常の行政機能のほかにも、規則などを制定できる準立法的機能や、不服申し立てに対する決裁などの準司法的機能を有する場合がある。

⑵審議会 ▶p82

①審議会とは

国や地方公共団体など行政機関の付属機関で、行政機関から諮問された事項について調査・審議し、それについて意見を述べる機関（学識経験者、各界代表者などによって構成される）。

審議会の名称は、審議会、協議会、調査会、審査会などさまざまである。

②審議会の役割

行政に世論を反映させ、専門的・技術的知識を行政に導入していくことが目的である。

③審議会の問題点

・審議会は、行政委員会と違って、準立法的機能や準司法的機能をもっていない。そのために審議会の意見には法的な強制力がなく、軽視されることがある。

・構成員には高級官僚出身者が多く、退職した職員の引受機関のような存在になっている。

・委員の人事が、政府・与党や力のある圧力団体の意向に左右される。

・政府や行政機関の責任転嫁のための〝隠れみの〟のように利用されることが多い。こうした批判を受け、不要な審議会の廃止や、整理・統合も進められている。

第1章

第2章

第3章

第4章

第5章

第6章

第7章

Q31 行政権

問 わが国の行政権の実態に関する次の記述のうち、妥当なものはどれか。 （国家一般）

1　わが国においては、行政組織に関する法律を制定することは、立法権による行政権への侵害に当たると考えられるため、三権分立制の原則に反するとされている。したがって、行政組織に関する規定は法律によらず、政令・省令などによってなされている。

2　わが国においては、憲法判断を行うことは、最高裁判所を頂点とする司法権の専管事項とされている。内閣が法令の憲法適合性に関して解釈見解を示すことは、行政権による司法権の侵害に当たるおそれが大きいため、内閣は憲法解釈の見解を述べることは一切しない慣行が定着している。

3　憲法に明文の根拠を持つ会計検査院は、立法権・司法権に属さないことは明白であるから、行政権に属するとされる。行政権は内閣に属するという憲法の規定から、会計検査院も当然に内閣の下にあるとされている。そのため会計検査院は、正式には内閣会計検査院という名称を持つ。

4　わが国は、いわゆる議院内閣制を採用しているため、内閣は衆議院の信任を必要とし、また内閣には衆議院の解散権がある。その点では立法権と行政権の関係は密接であり、厳密な意味での分離はなされていない。

5　わが国においては、国会が唯一の立法機関である。したがって、国会の立法権の保障のために、内閣には法案提出権はないとされている。一般に内閣提出法案と呼ばれているものは、国会が内閣に非公式に委任して作成させた報告書の通称にすぎない。

PointCheck

●日本の中央行政組織－内閣··【★★★】

　内閣は、内閣総理大臣および原則14名の国務大臣によって構成される合議体である（内閣法第2条）。なお、復興庁設置の特例で現在は原則15名となる。

　内閣には、内閣府が設置されるほか、内閣の事務を補助するために内閣官房が置かれ、さらに必要な機関として、内閣法制局、人事院などが付置される（内閣法第12条）。

●内閣法制局···【★★☆】

　内閣に直属し、法律問題に関して内閣や大臣に助言を与える機関。内閣法制局の長は長官であり、内閣によって任命される特別職である。

　首相や内閣からの法令の解釈・適用に関する諮問に答えて、意見を述べたり、政府の統一見解を作成したりすることもある。各省庁で原案が作成された内閣提出法案は、すべて内閣法制局の審査を受ける必要がある（議員提出法案は、衆議院法制局、参議院法制局がこれを担当し、同様の手続きを受ける）。

　▼機能

　　①国会への内閣提出案や条約の案文に関する法律上の審査、整合性などのチェック。

②閣議にかけて国会に提出できるように法案を整える。

③内外の法制についての調査研究など。

●**府・省・委員会**‥‥‥‥‥‥‥‥‥‥‥‥‥‥‥‥‥‥‥‥‥‥‥‥‥‥‥‥‥【★★★】

府は、内閣総理大臣をその長とする、内閣府設置法で設置される行政機関である。

省は、国家行政組織法第3条に規定された最大の機関である。省は内閣の管轄の下に置かれるが、委員会・庁は、省の外局として置かれる（国家行政組織法第3条3項）。

省・委員会・庁はあわせて3条機関といわれる。

●**主な外局の庁**‥‥‥‥‥‥‥‥‥‥‥‥‥‥‥‥‥‥‥‥‥‥‥‥‥‥‥‥‥‥‥【★★☆】

内閣府（公正取引委員会・国家公安委員会・金融庁・消費者庁）、総務省（消防庁）、法務省（公安調査庁）、財務省（国税庁）、文部科学省（文化庁）、厚生労働省（中央労働委員会）、農林水産省（林野庁・水産庁）、経済産業省（資源エネルギー庁・特許庁・中小企業庁）、国土交通省（観光庁・気象庁・海上保安庁）、環境省（原子力規制委員会）

※宮内庁・警察庁は内閣府、検察庁は法務省に属するが、外局とはならない特別の機関。

●**付属機関と地方支分部局**‥‥‥‥‥‥‥‥‥‥‥‥‥‥‥‥‥‥‥‥‥‥‥‥‥【★☆☆】

①国の行政機関は、法律または政令の定めに基づいて、審議会を始めとする合議制の機関や、試験研究機関などを設置することができる（国家行政組織法第8条、第8条の2）。

②国の行政機関は、法律により特別の機関を設置できる（国家行政組織法第8条の3）。警察庁や検察庁がその例である。

③国の行政機関は、必要がある場合には法律の定めるところに従い、地方支分部局を設置することができる（国家行政組織法第9条、内閣府設置法第57条）。

法務省の法務局、経済産業省の経済産業局などがその例である。

A31 正解—4

1—誤 国会は唯一の立法機関であり（憲法第41条）、また権力分立の趣旨は行政権に対して民主的コントロールを確保することにある。したがって、行政組織に関する法律を制定することは三権分立の原則に反しない。実際にも、内閣法、国家行政組織法、各省庁設置法など、行政組織に関する法律は多い。

2—誤 確かに、憲法解釈の最終的判断権は最高裁判所にある（憲法第81条）。しかし、内閣が法案を提出するにあたって憲法解釈を示すことがある（そもそも違憲の法案を国会に提出することは許されない）。

3—誤 会計検査院は、憲法上独立の行政機関であり（憲法第90条）、内閣に属さない。会計・監査を行う機関が監査対象から独立していなければ、適正な監査ができないからである。

4—正 アメリカの大統領制のような「厳格な権力分立」と比較すると、議院内閣制は分離が緩やかである（議会と内閣の協働を予定している）。

5—誤 内閣提出法案が国会の立法権を侵害するかについては争いもあるが、認められるとするのが通説である。内閣法には、内閣提出法案を予定した規定がある（内閣法第5条）。

Q32 行政組織

問 行政組織に関する次の記述のうち、妥当なものはどれか。 （国家一般類題）

1　わが国の行政組織は、明治政府以来、行政目的やその対象となる地域を基準として組織されており、その設置、廃止、権限、名称などは国家行政組織法や各省庁設置法に定められている。

2　行政組織は合議制の組織形態をとるのが原則であるが、その例外として単独の長を頂点としたピラミッド型の単独制の組織形態をとるものもある。

3　会計検査院や人事院は独立性の強い行政組織であるが、国の行政組織である以上、これらも国家行政組織法の適用を受けることに変わりはない。

4　わが国の合議制の行政組織は、国民に対してその責任の所在を明確にして、迅速に対応できるという長所がある。

5　内閣を補佐する機構として設置されている内閣法制局や安全保障会議は、国家行政組織法に基づいて設置されるものである。

PointCheck

●内閣の権限 ･･･【★☆☆】

⑴行政権の主体（憲法73条）
①法律の誠実な執行と国務の総理（1号）　　⑤予算の作成と国会への提出（5号）
②外交関係の処理（2号）　　　　　　　　　⑥政令の制定（6号）
③条約の締結（3号）　　　　　　　　　　　⑦恩赦の決定（7号）
④官吏に関する事務の掌理（4号）　　　　　⑧その他の一般行政事務（本文）

⑵財政関係
①予備費の支出（憲法87条）
②決算審査および財政状況の報告（憲法90条1項、91条）

⑶国の他機関との関係
①天皇の国事行為に対する助言と承認（憲法3条、7条）→衆議院の解散権（通説）
②最高裁判所長官の指名（憲法6条2項）
③その他の裁判官の任命（憲法79条1項、80条1項）
④国会の臨時会の召集（憲法53条）

●特別な行政組織 ･･･【★★☆】

⑴会計検査院
設置根拠が憲法にある憲法機関で、内閣に対し独立の地位を有する合議制機関である。任務は政府財政の執行に関する監視・検査にあり、毎年国の収支決算の検査を行い報告書を提出する。3名の検査官（両議院の同意を得て内閣が任命）と検査官会議と事務総局で

問題でPointを理解する
Level 1 **Q32**

第1章
第2章
第3章
第4章
第5章
第6章
第7章

構成される。法律上の任務と権限は、①国の収支の決算に対する会計検査、②会計経理の監督および適正化、③決算の確認などである。

　　※検査の基準は、一般に経済性（economy）、効率性（efficiency）、有効性（effectiveness）のいわゆる3Eの観点とされる。

(2)人事院

　中央人事行政機関であり、一般職の公務員の人事管理に関する事務を統一的に管轄する。両議院の同意を得て内閣が任命する3名の人事官で組織される行政委員会であるが、準立法権と準司法権を持ち、一般の行政委員会よりも独立性が高い。それは国家行政組織法が適用されないことにも現れている。主な職務は、国家公務員採用試験の統一的実施、人事院勧告を行うことである。人事院勧告では、国家公務員給与と民間企業給与とを調査比較し国会と内閣に報告し、必要な場合は給与の是正勧告ができる。

(3)国家公安委員会

　警察行政の中枢的機能を担う合議制の機関。委員長と5人の委員から構成され、委員長は国務大臣である。委員は、国会の同意のもとに内閣総理大臣によって任命されるが、3人以上が同一の政党に属してはならない。その役割は、国の公安にかかわる警察運営を司り、警察教養、警察通信、犯罪鑑識等に関する事項を統括することである。

(4)安全保障会議

　国防に関する基本方針をはじめ、国防上の重要事項および重大緊急事態への対処等を審議・決定する機関。議長は首相が務め、外務大臣や財務大臣、内閣官房長官、防衛大臣等がメンバーとなる。必要な場合には関係閣僚・統合幕僚会議議長も出席する。

◉独立行政法人 ……………………………………………………………【★☆☆】

　平成11年の独立行政法人通則法の成立に伴い、中央省庁の現業部門、試験研究機関、博物館などを独立の法人格を持つ機関に移行した。これはイギリスのエージェンシー制をモデルとし、省庁の事務のうち分離したほうが能率的になる部門を独立法人に委ね、組織のスリム化を図るものである。2019年4月現在、87の独立行政法人がある（うち職員が国会公務員である行政執行法人が7法人）。

A32 正解ー1

1ー正　行政目的別の組織が基本となり、会計検査院や人事院が特別な組織として構成されているのである。

2ー誤　行政組織の原則は単独制（独任制）であり、合議制は例外である。

3ー誤　会計検査院と人事院は国家行政組織法の適用を受けない組織である。

4ー誤　合議制では責任の所在が不明確になり、しかも決定までに時間がかかり、非能率になるという短所がある。

5ー誤　内閣法制局や安全保障会議は、内閣法と内閣の各機関設置法に基づいて設置される。

Q33 公務員制度

問 我が国の公務員制度に関する次の記述のうち、妥当なのはどれか。　　　　（国家一般）

1　国家公務員制度は、職階制を基礎にした資格任用制を基本としている。すなわち、職務の種類を「職種」として、職務の複雑と責任の程度を「職級」として位置付け、これらを基礎に人を配置する方法を採用してきたが、この職階制を拡充するため、平成24年度から、国家公務員採用試験の方法が変更された。

2　従来、全ての国家公務員は、団結権、団体交渉権、争議権が認められておらず、労働基本権を制限された国家公務員の利益保護のための代償措置として人事院が設置されてきた。しかし、労使交渉を通じて勤務条件を決定しうる仕組みに変革することにより、有意な人材を確保・活用していくことを目的として、平成23年、全ての国家公務員に労働基本権を付与することや人事院を廃止すること等を内容とする、いわゆる国家公務員制度改革関連4法案が国会に提出された。

3　能力・実績主義の人事管理を徹底するため、平成19年の国家公務員法の改正により、新たな人事評価システムが導入された。改正法においては、職員の採用試験の種類や年次にとらわれず、人事評価に基づいて人事を適切に行うという人事管理の基本原則が定められたが、実際には、恒常的に国家公務員採用I種試験の合格者が就いていた官職に、国家公務員採用I種試験の合格者以外の職員が登用される例は一切ないのが現状である。

4　国家公務員の再就職に関する透明性を確保するため、平成19年の国家公務員法の改正により、国家公務員の離職後の就職に関する規制が導入された。改正法においては、再就職に係る監視体制の整備として、再就職等監視委員会を設置することとされており、同年、委員長及び要員4名が任命され、以降、同委員会が再就職に関する規制の適用除外の承認などを行っている。

5　平成25年度以降の公的年金の支給開始年齢の引上げを見据え、民間企業については、法律で65歳までの雇用確保措置が義務付けられている。一方、国家公務員については、60歳定年制が続いており、雇用と年金の接続が課題であったことから、平成23年、人事院は、国家公務員の定年を段階的に65歳に引き上げることが適当であるとして、国家公務員法等の改正についての意見の申出を行った。

PointCheck

◉**閉鎖型任用制（クローズド・キャリア・システム）**　　　　　　　　　　　　　　　　**【★★★】**

閉鎖型任用制は、ヨーロッパや日本で採用されている制度で、以下の特徴がある。（西尾勝）

⑴前提が職員の終身雇用と年功序列である

新規採用は入口採用に限定され、その年度の学校卒業見込み者を対象にして実施される。その結果、中途で退職する者があっても中途採用はほとんどない。

⑵「はじめに職員ありき」の考えに基づいている

ゼネラリストとして職員を配属し、事務処理能力は職務遂行の中で訓練され習得される。それゆえ、潜在能力を開発し顕在化させるための研修をことのほか重視する。

(3)行政組織の壁を越えた労働力の移動や、官民間の移動がほとんど想定されていない

例えば、国家公務員試験Ⅰ種合格で文部科学省に採用された官僚が、一時的に外務省に出向することはあっても、経済産業省の局長に就任するということはほとんどない。また、入口採用が原則であり、中途採用は例外である。

◉開放型任用制（オープン・キャリア・システム）……………………………【★★★】

開放型任用制は、アメリカで採用されている制度で、以下の特徴がある。（西尾勝）

⑴個々の職位に欠員が生じるたび任用を行うべきであるという考えに基づいている

必ずしも終身雇用・年功序列が前提とされていないので、採用も新規学卒者の入口採用以外も行われる。そのため、転職による中途採用も少なくない。

⑵「はじめに職務ありき」の観点に立つ

職員に即戦力（スペシャリスト）を要求するために、採用の際に必要な資格・能力の条件が細かく決められる。そのため、職員の専門分化が進む。

⑶行政組織の壁を越えた労働力の移動や、官民間の移動を想定している

◉職階制………………………………………………………………………………【★★☆】

官職を、職務の種類とその複雑さと責任との度合いに対応して分類・階層化する人事管理制度である。これは開放型任用制を支える制度である。

具体的には、職務の性質が類似した官職の群がいくつかの「職種」にまとめられ、その職種の中で、「職級」がその複雑さと責任の度合いに対応して設定される。（西尾勝）

A33 正解─5

1─誤 「国家公務員の職階制に関する法律」が存在したことは事実だが、能力等級制度導入に伴い、実施に至ることなく2009年の国家公務員法改正で廃止された。

2─誤 国家公務員制度改革関連法案に盛り込まれたのは非現業職員への労働協約締結権付与である。そもそも公務員も労働者として労働基本権の保障を受ける。ただ、警察・消防などの職員は3権すべて、非現業職員は団体交渉・争議権、現業職員は争議権が制約される。

3─誤 旧Ⅱ種・Ⅲ種等採用職員の幹部職員への登用（本府省課長級以上）は平成22年度で109人と多くはないが、外務省局長に専門職採用者が起用されるなど例がないわけではない。

4─誤 退職公務員の再就職、いわゆる天下りの規制のため設置された官民人材交流センターと再就職等監視委員会だが、法令が整備され第1回委員会が開催されたのは平成24年3月である。また、平成20年12月に発足した官民人材交流センターは、平成21年9月に再就職あっせん業務を終了している。

5─正 人事院は定年の段階的引き上げの意見申出をしているが、民間の動向も勘案し、政府は希望者の再任用を制度化するとして、定年延長は見送られた。

第1章
第2章
第3章
第4章
第5章
第6章
第7章

Q34 独任制と合議制

問 独任制と合議制に関する次の記述のうち、妥当なものはどれか。　　（地方上級類題）

1 　合議制は対等な権限をもつ複数の人間によって構成されるが、指揮・命令系統は統一され、行政の一貫性が確保できる。
2 　独任制では職務遂行が非能率化するが、独断に陥ることを防ぐことができる。
3 　責任の所在を明確にしたい場合には、合議制は不適当な制度である。
4 　民意や多様な意見を反映させたい場合には、独任制の組織形態をとるべきである。
5 　行政委員会、審議会は独任制の行政組織の典型である。

PointCheck

◉独任制の特徴‥‥‥‥‥‥‥‥‥‥‥‥‥‥‥‥‥‥‥‥‥‥‥‥‥‥‥‥‥‥‥‥【★★★】
　①単独の長（自然人）を頂点としたピラミッド型の階統組織の形態をとる。
　②業務は各部局に分割されて処理される。
　③単独の長が一括して、行政機関の最終権限と全責任を持つ。
　④指揮命令系統が明らかである。

◉独任制の長所と短所‥‥‥‥‥‥‥‥‥‥‥‥‥‥‥‥‥‥‥‥‥‥‥‥‥‥‥【★★★】
　長所
　　①責任の所在がはっきりしている。
　　②業務の一貫性が確保される。
　　③業務の遂行が迅速である。
　短所
　　①業務の遂行が形式的になりがちである。
　　　→個別業務の担当者の責任意識が弱くなるため。
　　②利害が鋭く対立したときには、利害調整が容易ではない。
　　　→長をどちらの側がとるかで決定が左右されるため。
　　③政策に民意を反映させることが難しい。
　　　→長に権限が集中するため。

◉合議制の特徴‥‥‥‥‥‥‥‥‥‥‥‥‥‥‥‥‥‥‥‥‥‥‥‥‥‥‥‥‥‥【★★★】
　合議制は、複数の人間（自然人）が組織のトップを構成し、その合議によって行政機関の決定が行われるものである。
　閣議、会計検査院、行政委員会、審議会などが、合議制を採用している行政機関として挙げられる。

問題でPointを理解する
Level 1 Q34

第1章

第2章

第3章

第4章

第5章

第6章

第7章

●**合議制の長所と短所**…………………………………………………………………【★★★】

長所

①業務遂行を慎重に行うことができる。

②政治的中立性が確保されやすいため、利害対立を調整しやすい。

③高度な専門知識・技術を導入することが容易なため、最新の専門知識や技術を必要とする業務に適している。

④議論が公開されると、決定の透明性を高めることができる。

短所

①責任の所在があいまいである。

→決定が複数の人間の合議によるため。

②行政上の実行可能性が軽視されがちになる。

→専門知識や技術を優先するため。

③業務執行が非能率になることがある。

→決定までに時間がかかるため。

●**「3人1組」論** 理解を深める …………………………………………………………【★☆☆】

官僚組織の意思決定に関する、イギリス人行政学者A.ダンサイアの議論。彼によると、官僚制組織の構造は、上下関係にある3人の職員の組み合わせ（例えば、大臣－局長－部長、部長－課長－課長補佐など）を基礎単位にして、これを幾重にも連鎖させたものとみるべきであるとされる。

A34 正解―3

1－誤　指揮・命令系統が統一され、行政の一貫性を確保できるのは独任制である。

2－誤　独任制は職務を能率的に行えるが、その決定にはトップの意見のみが反映され、独断に陥りやすくなるという危険がある。

3－正　決定が複数の人間の合議によるため、合議制では責任の所在が不明確になる。

4－誤　多様な意見を反映するには、合議制の形態をとるべきである。

5－誤　行政委員会、審議会、そして問題文にはないが、内閣が合議制の行政組織の典型である。

Q35 稟議制

問　稟議制に関する次の記述のうち、妥当なものはどれか。　　　　　　　　（地方上級）

1　稟議制は、能率および士気の低下、リーダーシップの過度な発揮などの欠点を有し、その改善のため、戦後、アメリカ式の小集団活動方式が導入された。

2　稟議制は、行政機関における政策決定過程の中で発達した方式で、競争原理の働く民間企業においては発達する余地がなかった。

3　稟議制は、大正デモクラシー期に発生した意思決定方式で、組織の上位者の発意を奨励するという民主的な特色を有している。

4　稟議制は、組織の下位者の意思決定への参加による士気の高揚や、根回し的なコミュニケーションによる事務遂行の円滑化などの効用がある。

5　稟議制は、元来軍部で最も発達した意思決定方式で、戦闘行動時の兵士の正確機敏な行動のために必要とされた。

PointCheck

●稟議 　　　　　　　　　　　　　　　　　　　　　　　　　　　　　　　【★★☆】

「上に立つ者に伺いを立てること」が、稟議の元来の意味とされる。日本では、意思決定の手続きとして、民間・行政組織を問わず広く利用されている。

組織の意思決定のプロセスにおいて、まず下位の者が原案を作成し、その回覧が下位から上位へ至り、各々それに印判を押し、最後に決裁者に到達し、その決裁をもって決定が下る。これが稟議である。

●稟議制の特徴 　　　　　　　　　　　　　　　　　　　　　　　　　　　【★★★】

①稟議書の起案者は、末端の職員（事務官）である。

②稟議書は関係部局の担当者によって個別に審議される。関係者が会議を開いてそれを討論することはない。

③行政機関の長だけが法的な決定権者である。

④組織の底辺から積み上げながら意思決定の内容を固めていき、最終決定者がそれに従うという、ボトム・アップ型の意思決定の型である。

●稟議制の長所 　　　　　　　　　　　　　　　　　　　　　　　　　　　【★★★】

①組織のモラールの向上につながる。

　→末端の職員も意思決定過程に参加できるため。

②いったん決裁が得られると、後からの反対や不満が出ることが少ない。

　→関係者が意思決定に参加する機会が保障されているため。

③意思決定過程が文書として残る。

問題でPointを理解する
Level 1 **Q35**

第1章
第2章
第3章
第4章
第5章
第6章
第7章

　　→起案書が必ず作成されるため。
　　※近代官僚制の原則の1つ、文書主義とも一致する。
④会議を開く必要がない。

◉稟議制の短所···【★★★】
①決定権者のリーダーシップが発揮しにくい。
　　→原案を末端の職員が作成し、中間職員がすべて審議した後に決定権者が決裁することになっているため。
②決定過程が長時間になる。
　　→関係職員一人ひとりに起案書が回覧されるため。
③責任の所在が不明確である。
　　→決定に携わったとしても、起案書にハンコを押しただけという認識しかない場合が多いため。
※辻清明によると、稟議性による意思決定は、日本の官僚制の能率の低下、責任の分散、リーダーシップの欠如、セクショナリズムを生む土壌になっている。

◉稟議制の通説に対する批判···【★☆☆】
　稟議制の手続きがとられるのは、日常的なルーティン・ワークに属する事案を処理する場合である。重要な事案、例えば法令の立案などの場合は、関係当事者間の会議において実質的な意思決定が行われ、稟議制は機能していない。

A35 正解ー4

1−誤　稟議制は、能率の低下、リーダーシップの阻害などの短所があり、下位者の士気の高揚という長所がある。
2−誤　稟議制は、行政機関のみならず、一般の民間企業においても発達している。それが日本の特色と言える。
3−誤　稟議制は、明治以来の意思決定方式である。「組織の上位者の発意」ではなく、下位者が発案し上位の決裁者に至るものである。
4−正　稟議制の長所として、士気の高揚や事務遂行の円滑化などが挙げられている。
5−誤　稟議制は、ボトム・アップの意思決定方式であり、時間がかかり非能率的な制度である。そのため、軍隊などのように正確機敏な行動が要求される組織には適用しにくい。

Q36 行政委員会

問 行政委員会に関する次の記述のうち、妥当なものはどれか。 （地方上級）

1 わが国の行政委員会は、委員会の中に独自の事務局を有するものではないので、所管官庁に依存し、中立性に問題がある。

2 行政委員会は、特定の事項に対して意見・具申を行うために設置されるので、行政作用に着手することはない。

3 行政委員会は、事務処理能力に優れ、行政効率が高いので、委員会数も増加する傾向にある。

4 行政委負会の決定は審議会とは異なり、自らの責任において行政の一部を担当し、国または地方公共団体の意思となる。

5 行政委員会は合議体であり、政治的中立性・複雑な利害関係の調整などに利点があるが、専門性に欠ける場合が多い。

PointCheck

●行政委員会の沿革 ……………………………………………………………………【★★★】

⑴行政委員会とは

行政委員会は、「行政的規制を行う権限を持ち、多かれ少なかれ一般行政機構から独立した合議制機関」と定義される。

行政委員会は、ライン系の組織である。設置根拠は、内閣府設置法、国家行政組織法第3条3項、地方自治法第138条などである。日本に導入されたのは第二次世界大戦後であるが、そのモデルはアメリカの独立規制委員会である。

⑵行政委員会の特徴

①政治からの独立性を確保するために、委員の任期が首相の任期よりも長い。

②決定権者が合議体である。

③決定のために、特別の手続きや専門家が参加する。

⑶他国の行政委員会

行政委員会が多く利用されているのは、アメリカ、イギリスなどである。これらの国で委員会が発達した背景には、経済が発達して社会構造が複雑になった後も行政機関が十分に整備されず、そのために従来通りの司法手続きや行政機関では処理できない問題や紛争が増えたという事情がある。

アメリカでは、行政委員会は独立規制委員会と呼ばれる。最初のものは、州際通商委員会（ICC）であり、その後、非常に広範な行政上の目的のために行政委員会が利用されるようになる。連邦取引委員会（FTC）、証券取引委員会（SEC）などが代表的な例である。その一方で、アメリカでは1970年代の規制緩和の流れの中で、廃止された行政委員会もある。

⑷日本の行政委員会

　中央レベルでは公正取引委員会、中央労働委員会、地方レベルでは教育委員会、公安委員会、選挙管理委員会、地方労働委員会、農業委員会などが挙げられる。

　委員の数は、数人から十数人（農業委員会など）までまちまちである。委員の選出が任命によって行われる場合もある。その任命には、主務大臣および国会または議会の同意が必要とされる。委員の任期は一年のものもあるが、通常、独立性を保障するため行政首長の任期よりも長い任期が委員に与えられる。

●行政委員会の権限……………………………………………………………………【★☆☆】

　行政委員会は、規則を制定する準立法権と裁決を行う準司法権を持っている。

●行政委員会の所轄と根拠法………………………………………………………【★☆☆】

行政委員会	所轄の府省	根拠法
国家公安委員会	内閣府	内閣府設置法
公正取引委員会	内閣府	
個人情報保護委員会	内閣府	
公害等調整委員会	総務省	国家行政組織法第3条3項
公安審査委員会	法務省	
中央労働委員会	厚生労働省	
運輸安全委員会	国土交通省	
原子力規制委員会	環境省	
人事院	（内閣）	国家公務員法
（会計検査院）	（内閣から独立）	憲法第90条（憲法機関）

A36　正解ー4

1 －誤　行政委員会とは、一般の行政機関からある程度独立して行政的規制を行う合議制の機関である。戦後、アメリカの独立規制委員会をモデルとして新しく導入された行政機関である。わが国の行政委員会は、委員会の中に独自の事務局を有している。例えば、公正取引委員会や中央労働委員会などである。

2 －誤　行政委員会は行政組織であるため、当然、行政作用も行う。さらに、準立法的・準司法的作用も有しており、この点で単なる意見の具申を行う審議会とは異なる。

3 －誤　行政委員会は合議制の組織であるため、中立性の確保や専門的知識の導入が容易であるが、非能率的な面を有する。そのため、行政効率を優先する傾向から委員会は増加する傾向にあるとは言えない。

4 －正　行政委員会は、行政作用を行う行政機関の1つである。したがって、自らの責任において行政を担当している。行政委員会の代表的な例として、人事院・会計検査院などがある。

5 －誤　行政委員会は合議制組織であり、合議制組織の長所として専門性が挙げられる。

Q37 行政委員会と審議会

行政委員会と審議会に関する次の記述のうち、妥当なものはどれか。　（国家一般類題）

1 審議会は通常の行政機関からある程度独立して行政的な規制を行う機関であり、学識経験者や各界の利害関係者などで構成される。

2 行政委員会は明治時代以来の制度であり、行政に世論を反映させ、専門的・技術的知識を行政に導入することを目的としている。

3 審議会は通常の行政機能の他にも、準立法的機能や準司法的機能をもっており、これが審議会の特徴になっている。

4 行政委員会は行政における政治的中立性を確保し、また慎重な手続きを必要とする問題等に公正に対処するという目的を達成するために設置される、独立性をもつ機関である。

5 審議会は第二次世界大戦後にアメリカの独立規制委員会をモデルとして導入されたものであるが、そのメンバーには高級官僚出身者が多く、行政機関の隠れみのだという批判がある。

PointCheck

●審議会の概要··【★★★】

(1)審議会とは

　審議会は、国家行政組織法第8条に設置根拠がある。その目的は、行政機関が社会の識者や諸団体の意見を聞くことにある。委員会と同様、合議制の行政機関で、府、省、外局といった行政機関に付置される。狭義には大臣や局長などの私的諮問機関などを指し、各省庁に設けられる非公式の研究会などとは異なる。

　審議会は、諮問委員会、調査会、協議会などと呼ばれることもある。中には、単なる諮問機関ではなく、法令を施行するに際して行政官庁の意思決定に参加、ないし関与するものもある（試験・検定・懲戒等に関するものなど）が、それは例外的である。

(2)審議会の特徴

　審議会は主に、民意を反映させ、世論を収集し、専門的知識や技術を導入することを目指す。そのため、民意を代表する公益委員、学識経験者、各界代表などが審議会を構成する場合が多い。

　審議会は、準立法権、準司法権を持たないことが通常である。その答申は法的拘束力を持たない。ただし、参与機関の場合は、法的拘束力を持つ答申を出すことができる。

●審議会の問題点‥‥‥‥‥‥‥‥‥‥‥‥‥‥‥‥‥‥‥‥‥‥‥‥‥‥【★★★】

①委員の人選が行政官庁の都合のよいように傾きがちである。

②行政官庁が審議会を時間稼ぎのために使う。

③行政官庁が審議会の権威を自己の政策の正当化のために使う。

④行政官庁が審議会の答申を無視することがある。

●行政委員会と審議会の比較‥‥‥‥‥‥‥‥‥‥‥‥‥‥‥‥‥‥‥‥【★★★】

種類	行政委員会	審議会
組織	合議制	合議制
性格	執行的	諮問的
根拠法	国家行政組織法第3条3項 地方自治法第138条の4	国家行政組織法第8条 地方自治法第138条の4
準立法権および 準司法権	あり	なし
設置根拠	政治的中立の確保 複雑な利害の調整 公正かつ迅速な裁決 専門的知識の必要	行政に民意を反映 世論の収集 専門的知識の必要

●8条委員会‥‥‥‥‥‥‥‥‥‥‥‥‥‥‥‥‥‥‥‥‥‥‥‥‥‥‥【★★☆】

　委員会のうち、その設置根拠が国家行政組織法第8条にあるもの。行政権はなく、その点で同じ行政委員会である「3条委員会」とは異なる。その目的は、府省の所管業務の範囲内で調査・審議し意見を述べることにある。有識者の合議体であり、税制調査会、証券取引等監視委員会などがこれに当たる。以前3条委員会であった司法試験管理委員会は、行政改革により8条委員会としての司法試験委員会に改組された。

A37 正解ー4

1－誤　本肢は、行政委員会に関する記述である。

2－誤　行政委員会は、第二次世界大戦後にアメリカの独立規制委員会をモデルとして設置された。

3－誤　審議会は、準立法的機能や準司法的機能を有していない。そのため審議会の意見は法的な強制力がなく、軽視されるという問題がある。

4－正　行政委員会は、本肢の記述のとおり、通常の行政機関からある程度独立した機関であり、独立性を持つ。

5－誤　審議会は、わが国では明治時代以来の制度である。

Q38 行政組織の態様

問 わが国の行政組織における分業様式に関する次の記述のうち、妥当なものはどれか。

(国家一般)

1 わが国の行政組織では、事務分掌規程などの公式の任務は課・係までしか規定されず、その規定は概括列挙的であり、職員はそのような課・係に所属し、物理空間的にも同じ部屋で仕事をすることが多い。このような組織の分業様式を個室主義に対比して、大部屋主義と呼ぶことがある。

2 縦割りの組織とは、目的の同質性に基づく分業を基本にして編成される。これに対して、横割りの組織とは、縦割りの組織の中に分散したであろう、人事・財務・文書・電算処理・営繕・用度などの共通事務を寄せ集めて編成される。「縦割り行政」といわれるわが国の行政組織においては、横割りの組織はない。

3 わが国の行政組織では、階層制構造における上下関係の公式的な分業関係は、事務分掌規程などの公式の任務規定の中に、詳細に定められていることが多い。したがって、わが国では上司の権限・部下の権限は明確であり、職階制がとられているといわれる。

4 行政組織の分業は、各部局間の利害・意見を調整するメカニズムを必要とする。わが国の行政組織では、セクショナリズムと呼ばれる部局間の利害対立が激しく、同レベルの部局間の協議によって、自主的に調整がなされることはない。

5 ピラミッド型行政組織に属する、中間者である個々の職員本人の視点からすれば、「直属の上司・本人・直属の部下」という3人1組から組織は構成されることになる。わが国では、実際の情報伝達や指揮命令も直属の上司と本人との間・直属の部下と本人との間の2つでのみ行われる。

PointCheck

◉日本の行政組織の特徴：大部屋主義 　繰り返し確認　 ……………………【★★★】

　組織法令が基礎単位の職掌事務までを定め、年功に基づく上下の序列が係員の席次にまで持ち込まれる。ただ、必要があればその都度事務分掌を変更でき、職掌事務の整理縮小を行わなくとも定員削減等が行える。欧米の行政庁舎は職員と秘書の小部屋に分割される場合が多いが、日本では官房課長以上の職位の執務室に限られる。職員は課単位以上で大部屋に配置されるが、この結果チームワークのよい協働システムがもたらされているとの指摘もある。

◉日本の行政組織の特徴：縦割り組織と横割り組織 　繰り返し確認　 ……………【★★★】

　(1)**縦割り組織**：組織業務の目的により、分業の原理に従って編成
　(2)**横割り組織**：業務の作業方法による分業の原理に基づいて編成

　本来ならばそれぞれの縦割り組織の中に分散しているはずの共通事務を、作業方法の同質性に基づいて分業の原理に従って寄せ集め、1つの単位組織に編成した組織である。

第1章

第2章

第3章

第4章

第5章

第6章

第7章

日本の行政機関の特徴として、横割り組織の整備のレベルが高度であり、官房系統組織として一元的に統合されていることが挙げられている。

●日本の行政組織の特徴：意思決定上の特徴　　繰り返し確認 ……………………【★★★】

(1)法制上の建前と運用上の実態との乖離

各省庁の大臣は、すべての法制上の権限をもっている。しかし、内部的には多くの場合、局長・課長に決裁権が委譲され、この専決権者が行うべき決裁は、さらにその直下の者が代決することが少なくない。

(2)集団的意思決定

重要な意思決定は、会議の場で集団的に行われている。これは、閉鎖型任用制の下で職場内研修の機会を職員に与えることになり、下級職員にも重要事案に対する参画意識を与えられる。反面、セクショナリズムの要因であるとも指摘されている。

(3)官房系統組織の関与

官房系統組織がすべての意思決定過程に関与し、主管課・部局に対して調整の相手方を指示し、部を代表して部外と折衝するなど、重要な役割を果たしている。

Level up Point!　日本の官僚制というと縦割り行政が思い浮かぶが、大部屋主義や意思決定過程も欧米の官僚制とは大きく異なる。1970年代以降、大部屋主義が日本の官僚制の重要な特徴とされている。

A38　正解－1

1－正　欧米では一人ひとりの職員単位で事務が分掌されているが、日本では係内の事務の分掌は適宜に融通可能なものとなっている。行政庁舎についても、欧米では職員と秘書の小部屋に分割されているが、日本では課単位以上の大部屋となっている。

2－誤　横割り組織の共通事務は、縦割り組織の業務実施にとって不可欠である。日本では「横割り組織」が高度に整備され、官房系統組織として統合されていることが特徴的である。

3－誤　日本の組織法令は縦の系列の分業について定めを置いていない。すなわち、職位ごとに職務と責任を明確にする職階制の仕組みはとられていないということである。

4－誤　省・部局単位のセクショナリズムは強く、部局間の共管競合事務について上級機関の調整が予定されているが、自主的な調整がインフォーマルになされることも稀ではない。

5－誤　イギリスの行政学者A.ダンサイアによる「3人1組論」は、ピラミッド型組織における情報伝達経路の双方向性を巧みに説明する。しかし、日本の行政組織では縦系列の分業関係は甚だ不明確で、稟議という集団的意思決定が行われたりし、インフォーマルな調整のために下級機関の接する情報源は多元的である。

Q39 わが国の行政組織

1 　日本国憲法は「行政権は内閣に属する」と定め、全ての行政機関、すなわち立法府と司法府に属しない政府機関を内閣の所管の下に置いている。ただし、その例外的な扱いを受ける機関として国家公安委員会、検察庁、公正取引委員会があり、これらは政治的中立性が強く求められる組織であるとして、特定の政党によって構成され、党派性を帯びることになる内閣には属しないこととされている。

2 　一般に、内閣は「合議制の原則」「分担管理の原則」「首相指導の原則」という相互に矛盾する可能性のある三原則の均衡関係の下に運営されているが、近年、我が国では首相指導の原則を強化する方向での制度改革が進められている。すなわち、閣議における首相の発議権を明確にしたこと、首相に国務大臣の罷免権を付与したこと、閣議は全会一致ではなく多数決によることを内閣法に明記したことなどである。

3 　戦前の省庁の組織編制は、基本的には内閣・各省庁の裁量に委ねられていたが、現在の国家行政組織法は、省庁の新設改廃のみならず、省庁の内部部局の局および部の新設改廃も法律で定めるものとしている。省庁の組織編制を法律事項としていることについては、各省庁が弾力的に組織を改編することを困難にしているとの弊害が指摘される一方で、行政機関の膨張抑制に寄与しているという効用も指摘されている。

4 　外局には独任制の組織である「庁」と合議制の組織である「委員会」があり、いずれも府省の下に設置されるものの、高度の独立性を認められた機関である。例えば、庁の長たる長官、および委員会の長たる委員長は、府省の大臣の指揮監督を受けないものとされ、外局職員の任命権者は長官や委員長である。さらに、その独立性を担保するため、長官や委員長には外部の有識者を充てるのが通例となっている。

5 　平成13年の省庁再編にともない、内閣機能を強化する一環として、従来の総理府に代えて内閣府が新設された。総理府は各省と同列に位置する行政機関であり、各省の権限に優越するような強力な調整権限を持っていたわけではなかったが、内閣府は、国家行政組織法の適用の対象外と位置づけられ、行政を分担管理する各省よりも一段高い立場から企画立案及び総合調整を行えることとなった。

PointCheck

◉中央省庁改革 ··【★★★】

　中央省庁の改革は、平成11（1999）年に成立した中央省庁等改革関連法により、平成13（2001）年に実施されたものである。明治維新、敗戦に続く第三の改革ともいわれる。改革の目的は、内閣とその補佐機能の強化にある。①閣議での首相の発言権限の強化、②内閣官房による内閣の重要政策の基本方針の企画立案、③各省庁よりも上位に立つ内閣府の新設による、各省庁の政策立案の総合調整、以上の3点に集約される。

問題でPoint を理解する
Level 2 Q39

第1章

第2章

第3章

第4章

第5章

第6章

第7章

◉**内閣府**‥‥‥‥‥‥‥‥‥‥‥‥‥‥‥‥‥‥‥‥‥‥‥‥‥‥‥‥‥‥‥‥‥‥【★★☆】

　内閣官房長官の下で、内閣の重要政策に関する基本的な方針の審議と発議を行う。重要政策会議として、経済財政諮問会議、総合科学技術・イノベーション会議、中央防災会議、男女共同参画会議などが置かれ、いずれにも民間人が参加している。また、沖縄および北方対策担当、経済財政政策担当などの特命担当大臣が置かれている。

◉**内閣官房**‥‥‥‥‥‥‥‥‥‥‥‥‥‥‥‥‥‥‥‥‥‥‥‥‥‥‥‥‥‥‥‥‥‥【★★★】

　内閣総理大臣の補佐・助言機関。2001 年 1 月、首相指導体制の強化を目的に、組織の改編が行われ、内閣官房長官の下に官房副長官（政務 2 人、事務 1 人）、危機管理監、首相補佐官（5 人以内）、官房副長官補（3 人）、総務官、広報官、情報官が設置された。

◉**内閣総理大臣補佐官**‥‥‥‥‥‥‥‥‥‥‥‥‥‥‥‥‥‥‥‥‥‥‥‥‥‥‥‥【★☆☆】

　首相の直接補佐体制を強化するために設置された、特命事項を担当する特別職。任命されるのは首相側近の政治家などで、内閣官房に属し定員は 5 人以内とされる。

◉**副大臣**‥‥‥‥‥‥‥‥‥‥‥‥‥‥‥‥‥‥‥‥‥‥‥‥‥‥‥‥‥‥‥‥‥‥‥【★☆☆】

　国務大臣の補佐機関の 1 つ。国会活性化法の成立に伴い、省庁再編時に従来の政務次官を廃止して設置された。国務大臣とともに、本会議ならびに委員会に出席して議論に参加し、大臣の命に基づいて政策および企画を担当する。

◉**大臣政務官・長官政務官**‥‥‥‥‥‥‥‥‥‥‥‥‥‥‥‥‥‥‥‥‥‥‥‥‥【★☆☆】

　国会活性法の成立に伴い設置された国務大臣の補佐機関。各省に 1 人から 3 人まで置かれ、特定の政策および企画に参画する。

 Level up Point!　中央省庁の改革は、単に省庁の数の縮減にとどまるものではない。従来の行政における官僚主導から政治主導への移行を目指すもので、その視点からの制度改正を十分に理解すること。

A39　正解ー5

1－誤　内閣から完全に独立するのは会計検査院（憲法 90 条）のみであり、国家公安委員会、公正取引委員会は内閣府所管である。また、検察庁は、政治からの独立性が認められるが行政委員会ではなく、組織上は法務省の特別機関である。

2－誤　国務大臣の罷免は憲法 68 条に規定される権限である。また慣例上、閣議は全会一致が原則とされるが、明確な法令上の根拠はない。

3－誤　旧法は官房・局・部の設置、それらの所掌事務を法律事項としていたが、1983 年の改正によって政令で決定できる事項としている。

4－誤　外局は 3 条機関として府省と同格で一定の独立性を有するが、府省の下に置かれる機関なので、所管の府省大臣の一般的な指揮監督には服することになる。

5－正　内閣府の主任大臣は内閣総理大臣で各省庁より高い位置付けがなされている。

Q40 臨時行政調査会

問 臨時行政調査会に関する次の記述のうち、妥当なものはどれか。 （地方上級）

1 第一次臨時行政調査会は、国際社会への適応と活力ある福祉社会という、二つの行政改革の理念を提唱した。
2 第一次臨時行政調査会は、公正で民主的かつ能率的な行政を実現するために行政手続法を制定すべきであると勧告し、この勧告に基づいて直ちに行政手続法が制定された。
3 第二次臨時行政調査会は、中央地方関係について、中央の任務は企画機能であり、地方の任務は実施機能であるとし、さらに機関委任事務を積極的に活用すべきであると主張した。
4 第二次臨時行政調査会は、増税なき財政再建を基本方針と定め、日本国有鉄道、日本電信電話公社および日本専売公社の民営化などの諸方策を提言した。
5 第二次臨時行政調査会は、内閣機能の強化、中央省庁の再編などについて審議し、その最終報告に基づいて、中央省庁等改革基本法が制定された。

PointCheck

◉わが国の行政改革……………………………………………………………【★☆☆】

わが国では、大きな行政改革として、第一次臨時行政調査会（以下、第一次臨調）、第二次臨時行政調査会（以下、第二次臨調）の２つの例がある。

◉第一次臨調……………………………………………………………………【★★☆】

設置根拠： 第五次行政審議会答申（1960 年）

メンバー：代表委員７人、専門委員 16 人。その他、調査員多数

目標：行政の効率化

特徴：首相のリーダーシップの増進や内閣の調整機能の拡充に力点を置き、行政課題をこなしていく方法について改革を勧告した（第二次臨調と比較した場合）。

答申内容：予算編成権を当時の大蔵省から新しく設置する内閣府に移管すること、内閣府に内閣補佐官を置くこと。また中央地方関係では、中央の任務を企画機能、地方の任務を実施機能と規定、中央機関委任事務を積極的に活用（つまり、地方政府が中央政府の代行者として位置づけられた）。

成果：官房長官が国務長官に。その他、国土庁の設置、事務次官を補佐する職の設置、一省庁一局削減、総定員法制定。

第1章

第2章

第3章

第4章

第5章

第6章

第7章

●**第二次臨調**‥‥‥‥‥‥‥‥‥‥‥‥‥‥‥‥‥‥‥‥‥‥‥‥‥‥‥‥‥‥‥‥**【★★☆】**

メンバー：代表委員９人（うち２人は、労働界から参加）、その他専門委員、参与。

目標：歳出削減による行政改革、「増税なき財政再建」をスローガンに、「国際社会への適応」「活力ある福祉社会」を理念として掲げる。

特徴：第一次臨調と比較して、委員に経済界および労働界出身者の比率が高い。同臨調がもたらした政治的影響が大きい。

答申内容：政府支出の削減と財政再建の推進、行政の合理化・効率化の推進に向けた方策の提言。

成果：国鉄、専売公社、電電公社の３公社の民営化（国鉄はJR、専売公社はJT、電電公社はNTTになった）。その他、年金制度の改革、ゼロ・シーリングやマイナス・シーリングの導入、国家公務員の数の縮減、人事院勧告の凍結。

※村松岐夫によると、第二次臨調以降、日本は行革の時代に入ったとされる。第二次臨調後も、後継審議会である、臨時行政改革推進審議会が３度にわたって設けられた。

●**臨時行政改革推進審議会**‥‥‥‥‥‥‥‥‥‥‥‥‥‥‥‥‥‥‥‥‥‥‥‥‥‥**【★★★】**

1983年に第一次が設置された。第三次臨時行政改革審議会が最終答申を出し（1993年）、次の３点を行政改革の基本方向として挙げている。

①官主導から民自立への転換

②地方分権の推進

③総合的・一体的な行政システムの構築

Level up Point!

行政改革は、行政管理の延長線上に位置づけられるが、単なる「管理」にとどまらず、財政改革や経済改革などをもその視野に入れるものである。当然政治的インパクトも大きいので、時事対策とあわせ最新の情勢を確認しておきたい。

A40 正解－4

1－誤　「国際社会への適応」と「活力ある福祉社会」を提唱したのは、第二次臨時行政調査会の答申である。

2－誤　わが国の「行政手続法」の制定は、臨時行政改革推進審議会（1983～93年）の審議の結果である。

3－誤　本肢は、「第一次臨時行政調査会」の答申の内容である。

4－正　日本電信電話公社と日本専売公社は昭和60（1985）年に民営化され、それぞれNTTとJTになった。さらに、昭和62（1987）年には日本国有鉄道が民営化され、JRになった。

5－誤　中央省庁等改革基本法（平成10《1998》年に制定）につながったのは、行政改革会議が平成9（1997）年に出した最終報告である。

第5章 官僚制・行政組織の意思決定

Level 1 p92〜p105　Level 2 p106〜p111

1 ウェーバーの官僚制論

Level 1 ▷ Q41〜Q44　Level 2 ▷ Q49

官僚制を学問的に初めて研究したのがM.ウェーバー→官僚制を高く評価

(1)官僚制の定義 ▶p92

　①組織の大規模化にともなって、必然的に生じるピラミッド型の組織形態。

　②大規模化すれば、あらゆる組織がすべて官僚制化する。

　③官僚制は高度な合理性を持ち、組織の目的を達成するために技術的に卓越している。

(2)官僚制の特徴 ▶p96

　意思決定と情報伝達

　　①権限の原則：業務は、規則に決められた明確な権限の範囲内で行われる

　　②階統制の原則：組織内に上下の指揮命令系統が一元的に確立している

　　③公私の分離：職務とそれぞれの私生活とは完全に分離される

　　④文書主義：決定事項などは、すべて文書に記録・保存される

　人事制度

　　①契約による任命制：自由な契約と任命によって職員となる。職員はいつでも解約できる

　　②専門性の原則：職務には専門的資格や訓練が必要となる

　　③資格任用制の原則：公開競争試験を実施して、成績優秀者から採用する

　　④専業制の原則：職員は、その業務を主たる仕事としなければならない

　　⑤貨幣定額俸給制の原則：職員は、俸給を定額の貨幣で受け取る

　　⑥昇任制の原則：職員は、在職年数、業務成績などに基づいて昇進する

(3)ウェーバー以降の官僚制論 ▶p96

　現実の官僚制は、必ずしもウェーバーの指摘どおりには機能していない。

　　→官僚制について批判的に主張…官僚制の逆機能・病理的側面

2 H.ラスキの理論

Level 1 ▷ Q43,Q44　Level 2 ▷ Q49

権力論の観点から官僚制を批判。

官僚制は合理的ではあるが、強力な権力集団となって政治の実権を掌握する。

　→一般市民の自由を侵害するおそれがある政治形態である。 ▶p109

3 R.マートンの理論

Level 1 ▷ Q43　Level 2 ▷ Q49,Q50

　専門的な訓練を受けた官僚は、前提とされた事態と異なった状況が起こると、不適応を起こす。これを「訓練された無能力」と呼ぶ。また、ある目的を実現するための手段自体が、いつのまにか自己目的化してしまう。これを「目的の転移」と呼ぶ。 ▶p96 ▶p109

4 官僚制の機能と逆機能　　　　Level 1 ▷ **Q44**　　Level 2 ▷ **Q50**

官僚制に対する批判は、すべて官僚制の合理的な機能の裏側にある逆機能の指摘である。

▶ p98

【官僚制の機能】　　　【官僚制の逆機能】

権限の明確性 ──────→ 形式主義

専門性 ────────→ セクショナリズム

身分保障 ───────→ 権威主義・事なかれ主義

文書主義 ───────→ レッドテープ・繁文縟礼

5 ストリート・レベルの行政職員　　　　Level 2 ▷ **Q48**

M．リプスキーが提示した概念。　▶ p106

具体例：

警察官、ケースワーカーなど、通達や訓練によって厳しい規律を受ける現場の職員。

特徴：

・事実として広い裁量を有している（大きな権力を持っている）。特にエネルギーの振り分けにおいて裁量を持っている。

・独立的に職務を遂行している。

・監督する立場にある上司は、業務記録等を通じて部下の仕事ぶりを把握するしかないので、それが点数稼ぎの行動を誘発する可能性もある。

6 行政組織の意思決定　　　　Level 1 ▷ **Q45～Q47**

行政組織は、軍隊のような単純明快な課題（命令系統の一元化、意思決定の集権化）を担った組織ではない。各部局が独自に行動する複合組織としての性格を有し、縦横無尽の情報伝達経路が形成されている。

さらに、縦割り組織と横割り組織が混在しており、特に日本では横割りの官房系統組織が高度に整備されて一元化している。情報伝達の双方向性を説明する理論（ダンサイアの「3人1組論」など）もあるが、日本では、縦系列の分業関係が著しく不明確であり、稟議制のような集団的意思決定の方式が発達した。　▶ p102　▶ p104

第1章

第2章

第3章

第4章

第5章

第6章

第7章

Q41 近代官僚制

問 近代官僚制に関する次の記述のうち、妥当なものはどれか。　　　　　　　　　（地方上級）

1　近代官僚制では、官僚の職務執行は法規に基づいて行われる。
2　近代官僚制では、使用人としての官僚が必要とされる。
3　近代官僚制では、職務上のヒエラルヒーが形成しにくい。
4　近代官僚制では、職務権限が不明確である。
5　近代官僚制では、官僚の公的職務活動と私的生活活動の区別がつけにくい。

PointCheck

◉近代官僚制‥‥‥‥‥‥‥‥‥‥‥‥‥‥‥‥‥‥‥‥‥‥‥‥‥‥‥‥‥‥‥‥‥‥【★★★】

(1) M. ウェーバーによる近代官僚制の意義づけ

　ウェーバーは、中世の家産官僚制から脱皮した近代官僚制を分析して、組織の目的を達成するために卓越した技術であり、高度に合理的な組織だと評価し、組織の大規模化に伴う必然的な現象であるとした。結果として、近代の行政国家は、ほとんどすべてがピラミッド型の組織形態を持つ官僚制国家となっているのである。

(2) 近代官僚制の組織的な要件

　①権限の原則
　　官僚の業務は法規に定められた明確な権限の範囲内で行われること。
　②階統制の原則
　　組織内に上下の指揮命令系統が一元的に確立していること。
　③分離の原則
　　官僚の公的職務とそれぞれの私生活とが完全に分離されていること。
　④文書主義の原則
　　命令・決定事項はすべて文書により明確にされること。
　⑤専門性の原則
　　官僚の職務は特定の訓練によって取得された専門的資格に基づくこと。
　⑥資格任用・契約の原則
　　官僚は競争試験の成績優秀者から契約により採用されること。

知識を広げる

官僚制における支配の3類型

　ウェーバーの支配の型に関する3類型、カリスマ的支配、伝統的支配、合法的支配は有名であるが、官僚制内部における上下支配も、権威による支配、地位による支配、権限による支配の3つの類型を見いだすことができる。（西尾）

(1)権威による支配

　指導力による支配のことである。上司が職務について経験豊富で専門能力や優れた知見を持っていることで、部下は上司の命令や指示、判断を信頼する。

(2)地位による支配

　威信による支配のことである。上司の地位自体が権威を有すると認め、部下は上司の指示や命令・判断を信頼する。

(3)権限による支配

　法律による支配のことである。上司の要求が法令に規定された権限に基づくことから、部下は上司の指示や命令・判断を信頼する。

知識を広げる

家産官僚制

　近代国家が成立する以前に普遍的にみられた家産制に基づく国家、すなわち、家産国家における官僚制を意味する。M.ウェーバーが用いて一般化した。ウェーバーのいう伝統的支配の純粋型をなすもので、家父長制の基盤としての家共同体が拡張し成立するものとされる。

　家産制では、支配者の家計の管理として、所有権のように支配権の行使が行われる。統治の機能と家計の管理の機能が融合して、実質的な権限に基づく階統制的構造のため、官僚制的に機能するのである。

家産国家

　君主の私的な世襲財産のように扱われる国家のこと。中世国家がその代表例。家産国家の特徴は、支配者が統治手段を専有し、統治権と所有権は区別されず、公法と私法が分化していない点にある。

A41 正解—1

1－正　権限の原則である。官僚の職務は法規に基づいて、規則に決められた明確な権限の範囲内で行われることを表す。

2－誤　近代官僚制では、家産官僚制とは異なり、官僚は支配者の所有物や召し使いではない。官僚は自由な契約によって任用される。

3－誤　近代官僚制では階統制構造の原則がとられており、職務上のヒエラルヒーが形成される。

4－誤　近代官僚制では、権限の原則により職務権限は明確であるといえる。

5－誤　家産官僚制では、公的職務と私的活動が分離していなかったが、近代官僚制では、公私の分離の原則により、職務と私的生活が区別される。

Q42 行政国家と官僚制国家

問 行政国家または福祉国家に関する次の記述のうち、妥当なものはどれか。 （地方上級）

1 　行政国家は、都市の過密による都市問題が発生するようになったため、政府の役割は秩序維持に関するものに集中し、そのことは、警察が市民の安全を守るために夜回りをしているのと同じなので、夜警国家とも呼ばれている。

2 　行政国家は、立法府が政治権力の中枢に位置づけられた統治機構を意味し、議会が文字どおり国権の最高機関であり、内閣は議会の委員会にすぎない。

3 　行政国家は、ベヴァリッジ報告がきっかけとなり、経済活動や産業活動をコントロールする政府の役割が一層拡大した結果生じたものである。

4 　福祉国家は、生存権の保障をもって国家の責務とし、政策分野ごとに政府が達成しなければならない目標を設定し、それをナショナル・ミニマムとして実現することを政府の課題とするものである。

5 　福祉国家は、国家権力の濫用を防ぎ市民の自由と権利を守るという民主主義思想の要請から生じたもので、国家はできるだけ小さく、統制しやすい規模である必要があり、安上がりの政府とも呼ばれている。

PointCheck

●立法国家 ⋯⋯⋯⋯⋯⋯⋯⋯⋯⋯⋯⋯⋯⋯⋯⋯⋯⋯⋯⋯⋯⋯⋯⋯⋯⋯【★★☆】

　立法府が他の2権、行政府および司法府よりも相対的に優越した地位にある国家であり、19世紀の西ヨーロッパ諸国でみられた国家形態である。

　当時のヨーロッパにおいて、政治の中心にいたのは、市民、すなわち、資産と教養に恵まれた富裕層であった。彼らは国家からの自由を最優先に考えていた。したがって、時の政府・官僚は、財政や安全保障といった限られた事項のみを処理すればよかったのである。そのため、国家がすべき必要な事項はすべて法律の条文の形で明記することが可能であった。それゆえ、法律を制定することが第一義的に重要なこととされたのであり、結果として、立法府が国家政策を形成する上で、最も重要な位置を占めることとなったのであった。

　立法国家の下で官僚の権限は、一義的で限定的なもので、官僚による積極的な活動の余地は少なかった。しかし他方で、そのような国家のあり方は、福祉の面からみれば、全くの無策であるとの批判を受けるものであった。例えば、ドイツの国家社会主義者として有名なラッサールは、揶揄的にブルジョアジーの番人になぞらえ、「夜警国家」と呼んだのである。

●行政国家 ⋯⋯⋯⋯⋯⋯⋯⋯⋯⋯⋯⋯⋯⋯⋯⋯⋯⋯⋯⋯⋯⋯⋯⋯⋯⋯【★★☆】

　行政国家とは、行政府に国家の権限が集中し、行政機能が従来に比べ強化・拡大された形態の国家を意味する。この増大した機能を処理する担当者として、官僚の権限が拡大することになり、行政国家現象は官僚制国家の強化としてとらえられるようになる。

第1章

第2章

第3章

第4章

第5章

第6章

第7章

　行政国家の登場は、19世紀後半から20世紀初頭であるが、その背景には、主に大衆の政治参加の拡大と資本主義経済の発展に伴う貧富の差の拡大があった。すなわち、貧富の差の拡大を是正するためには、国家の介入が不可欠であると考えられ、新しく選挙権を手に入れた層が政府に求めたのは、国家による保護であった。

　しかし、このような行政国家・官僚制国家の問題点も指摘されている。すなわち、
①国民のいわゆる「お上頼み」の風潮を助長し、自発性を衰えさせた
②利益集団と官僚が直接結託し、議会の空洞化が進んだ
③政治権限が、国民が直接コントロールできない官僚に集中することとなった
④地方との関係で、中央官庁の権限が著しく拡大した
などである。

　そして、高度経済成長が終息し、低成長の時代を迎え、さらに少子高齢社会の時代に入った現在、高福祉・重負担の社会を選ぶのか、低福祉・少負担の社会を選ぶのかという岐路に、福祉国家の多くは立たされているのである。

◉ベヴァリッジ報告‥‥‥‥‥‥‥‥‥‥‥‥‥‥‥‥‥‥‥‥‥‥‥‥‥‥‥‥‥‥【★★★】
　いわゆる「ゆりかごから墓場まで」の手厚い社会保障政策につながることになった報告。第二次世界大戦中の1942年にイギリスで出された。報告を出した委員会の委員長の名を採ってこの名がある。

　ベヴァリッジ報告は、国民の生存権を国家の責任で保障し、社会保険で最低生活保障を実現することを目指すものであった。この報告に基づき、国民保健法、国民保険サービス法、家族手当法、家族児童法など6法が制定された。しかし、折からの財政状況から、最低生活保障は実現されることはなかった。

A42　正解―4

1－誤　夜警国家とは、行政国家が登場するまでの立法国家に対する呼称の1つである。
2－誤　「立法府が政治権力の中枢に位置づけられた統治機構」とは、立法国家のことである。
3－誤　ベヴァリッジ報告が出された1942年より前からすでに登場しており、「きっかけ」とはいえない。
4－正　福祉国家は基本的に、その政策において「達成しなければならない目標を設定し、それをナショナル・ミニマムとして実現すること」を課題としている。
5－誤　できるだけ小さく、統制しやすい規模の国家「安上がりの政府」になる傾向が強いのは、むしろ立法国家である。

Q43 ウェーバーの官僚制

問 官僚制論に関する次の記述のうち、妥当なものはどれか。 （地方上級類題）

1 ウェーバーの官僚制論をふまえて H. ラスキ、R. マートンらがその理論をさらに発展させ、官僚制の機能面について論じた。

2 H. ラスキは、専門的な訓練を受けた官僚は前提とされた事態と異なった状況が起こると不適応を起こすとして、官僚制を批判した。

3 R. マートンは、官僚制は合理的ではあるが強力な権力集団となって政治の実権を掌握し、一般市民の自由を侵害するおそれがあると指摘した。

4 行政組織の職員数がその事務量とは関係なく一定の比率で増大していく傾向を、パーキンソンの法則という。

5 ある目的を実現するための手段それ自体がいつのまにか自己目的化してしまうことを目的の転移といい、これは H. ラスキが指摘した。

PointCheck

● M. ウェーバーの官僚制論 ・・【★★★】

官僚制とは、組織の大規模化に伴って必然的に生じる組織形態であり、ピラミッド型の組織である。そして、政府であろうと民間企業であろうと、あらゆる組織が大規模化すれば官僚制化せざるを得ないとウェーバーは指摘している。

▼ウェーバーによる官僚制の特徴

意思決定と情報伝達	人事制度
①規律の原則	①任命制の原則
②権限の原則	②契約制の原則
③階統制の原則	③資格任用制の原則
④官職専有排除の原則	④貨幣定額俸給制の原則
⑤公私の分離	⑤専業制の原則
⑥文書主義	⑥昇任制の原則

● ウェーバー以降の官僚制論・・【★★★】

(1) R. マートン、A. グールドナー

官僚制の合理的側面を認めつつ、逆機能について指摘している。

①権限の明確性→形式主義

②専門性→セクショナリズム

③身分保障→権威主義・事なかれ主義

④文書主義→繁文縟礼（レッドテープ） ※規則が細かく煩雑になること。

(2) M. ディモック、P. アップルビー、C. フリードリッヒ

　大衆社会が独裁に陥るのを防ぐため、官僚制による社会の管理を、民主主義を守る手段とした。

◉官僚制批判の系譜……………………………………………………………【★★☆】
(1)官僚政治に対する批判

　規範的な法治主義を前提として、行政の政治部門に対する優越化傾向は「下克上」ともとらえられる。政治部門の決定に抵抗し、特に自分たちの権限縮小につながる改革には抵抗が大きい。これをもって、H. ラスキは、選挙で選任されたわけではない官僚による政治支配は民主主義に反すると指摘する。

(2)非効率性に対する批判

　行政は企業のような競争状態になく、市場のチェックが働かないから無駄が非常に多いという批判である。官僚制組織は本来的に膨張性向を持っているとする指摘もある。

　①パーキンソンの法則

　　行政機関の職員数は、業務量にかかわりなく、ある一定数の割合で増大していく。

　②ワグナーの法則

　　公共部門の財政支出は、経済の成長率を上回る速度で膨張する。

　③ピーターの法則

　　ピラミッド型組織で昇進すると、自分の能力を越える地位についてしまうことが多い。

　※積極国家化を危惧したハイエクは、官僚制は経済統制につながる道であるとする。また、マルクス主義者は、官僚制が独占企業の利益とのみ結びつくと批判している。

(3)官僚主義に対する批判

　官僚制組織に必要不可欠な諸原則を身につけたのはいいが、それを時・所・場合の違いをわきまえずに画一的な対応に出ると、官僚は国民にははなはだ横柄に映る。R. マートンは「訓練された無能力」という言葉で、このような現象を説明している。

　また、官僚には法令の遵守が要求されるが、行き過ぎると手段が目的化して杓子定規の形式主義が生じることも多い。手段が目的化することを「目的の転移」という。

A43 　正解－4

1－誤　H. ラスキ、R. マートンらは、官僚制の逆機能・病理的側面について論じた。

2－誤　本肢は、R. マートンの「訓練された無能力」についての記述である。

3－誤　本肢は、H. ラスキの主張についての記述である。

4－正　官僚が、部下を増員し共通利益のためにピラミッド構造を強化する傾向にあることが根拠である（**Q50** 参照）。

5－誤　「目的の転移」は、R. マートンの主張である。

Q44 官僚制の諸理論

問 官僚制に関する次の記述のうち、妥当なものはどれか。 （国家一般）

1 M.ウェーバーは、一群の特権的官吏団によって指導される政治形態を官僚制と称し、市民的自由の対立概念であることを強調した。

2 H.ラスキは、組織心理学の立場から、官僚制の下では人間性が失われ、自己中心の助長、責任の回避などの弊害が顕著になることを指摘した。

3 M.ディモックは、自由放任主義の立場から、官僚制を経済統制の表現であるとして批判した。

4 広義では、「特定の集団における組織と行動形態の名称」と定義することができ、この意味ではあらゆる社会集団に現れうる共通の特色である。

5 わが国の官僚制の下においては、意思決定の方式として、第二次世界大戦後、欧米諸国に習って稟議制が初めて採用され、現在では民間企業においても広く採用されるに至っている。

PointCheck

●M.ウェーバーの官僚制 ……………………………………………………【★★★】

(1) ウェーバーによる肯定的評価

①官僚制は大規模組織一般に共通に見いだせる仕組みである。それは技術的に優れており、ある意味において合理的なものである。

②官僚制を通じて行われる行政は、職務の正確性、迅速性、明確性、継続性、統一性、能率性などの各点で、他のものに優越する形態である。

③官僚制の職務遂行では、私的な配慮が差し挟まれることがなく、いかなる対象に対する対応も客観的なものである。

(2)ウェーバーによる官僚制の病理に関する指摘

①官僚制は一度完成されると、それを解体することは困難であり、永続するという性質を持っている。

②官僚制は本来何ものかに奉仕する補佐機関であるべきなのに、支配者に代わって自ら実権を握って支配を行う傾向がある。

③官僚制は権力の源泉として秘密主義になりがちである。

●官僚制批判の３つのアプローチ……………………………………………【★★★】

(1)官僚政治批判

政治権力として官僚が自ら強大となって、政治の実権を民主的代表によって構成された議会、内閣などに代わって掌握していく傾向があるという批判である。

(2)官僚制の非効率性に対する批判

第1章

第2章

第3章

第4章

第5章

第6章

第7章

能率と制約のための努力が払われず、逆に常に業務を広げ、組織・職位・人員を膨張させていく点を問題とする批判である。官僚には競争の原理が作用せず、倒産もないためであるとされる。

⑶官僚主義批判

官僚の法規万能主義、責任回避、繁文縟礼（レッドテープ）、セクショナリズム（割拠主義）、不親切、尊大横柄な態度、権威主義、ハンコ主義などを問題とする批判である。これらは官僚に特有の弊害であるとされる。

●官僚制の原則と官僚制の批判　繰り返し確認 ……………………………【★★★】

ウェーバーが提示した官僚制のモデルは、必ずしも現実の官僚制と完全に一致するものではなく、あくまでも理念型である。それゆえ、現実の官僚制に関してはさまざまな批判が存在する。

⑴「権限の原則」に対する法規万能主義

「権限の原則」は、一定の規則に基づいた権限を持つ原則である。その一定の規則を、法令にとどまらず、通達・通知などの行政規則にまで拡大することを法規万能主義という。特に、法令よりも行政規則という内規に過度にこだわり、それに頼る現象が生まれがちである。

⑵「階統制の原則」に対する責任回避

「階統制の原則」は、職務を一元的に秩序化して分担する原理である。これにより自己の権限や職務に属さないことについては責任を取らないという責任回避を生む、というものである（権限は最大に、責任は最小に）。

⑶「文書主義の原則」に対する批判

「文書主義の原則」は、職務活動や決定の根拠を文書という形で残すという原則である。そのため、細かいことにまで立ち入って規制するような規則が多数規定され、提出を求められる書類がその必要がないと思われるほどに多くなってしまうという事態がもたらされている、というものである。

A44　正解－4

1－誤　M.ウェーバーによれば、官僚制は高度な合理性を有する組織形態である。市民的自由の対立概念ととらえるのはラスキである。

2－誤　H.ラスキは、官僚制の下では政府の統制力が事実上官吏に掌握され、その権力が市民の自由を侵害するおそれがあるとする。心理学の立場ではなく、権力論の立場からの批判である。

3－誤　M.ディモックは能率の観点から、官僚制が非能率的であると批判した。

4－正　M.ウェーバーによれば、官僚制は組織の大規模化によって必然的に生じる組織形態であって、あらゆる社会集団に現れるものである。

5－誤　稟議制は、明治以来採用されている、わが国の伝統的な意思決定方式である。

Q45 各国の公務員制度

問 各国の公務員制度に関する次の記述のうち、妥当なものはどれか。 　　　　（地方上級）

1　フランスでは、ナポレオンによって、ほとんどの公務員の任命が単独の長官による任命から、選挙による任命に変えられた。

2　ドイツでは、絶対主義の時代、官吏は国家元首に対して特別の忠誠と服従の義務を有した。

3　日本では、第二次世界大戦前から人事院が採用試験を行い、公務員を任命していた。

4　アメリカでは、1883年のペンドルトン法の通過に伴って、メリット・システムからスポイルズ・システムへと公務員制度が変更された。

5　イギリスでは、17世紀末のノースコート・トレヴェリアン報告によって、公務員試験による近代的公務員任用制度が始まった。

PointCheck

●アメリカの公務員制度・・・【★★☆】

　アメリカの連邦公務員制度は、1776年の建国から1830年代に至るまで、非常に清潔で職務に忠実であり、政治的に中立性を維持し、任期も永続的なものであった。これはG.ワシントンによって確立されたものといわれている。

　しかし、政党が発達し、政党間で抗争が激化したことにより、政党政治に公務が巻き込まれることとなった。1829年にジャクソンが大統領に就任すると、猟官制（スポイルズ・システム）が広く適用されるようになる。ジャクソン大統領は、猟官制は、選挙で示された国民の意思を公務に投影する民主的なものであると主張した。

　しかし、政権の交代のたびに多くの公務員が入れ替えられることにより、行政の能率は著しく低下し、無能、腐敗という弊害が目立つようになった。やがて、ガーフィールド大統領の暗殺犯が、猟官に失敗した者であったことにより、猟官制廃止を求める声は頂点に達した。こうした世論を背景に、1883年に資格任用制と政治的に中立な公務員制度の確立を目指したペンドルトン法が制定され、公務員制度の改革が行われた。

●アメリカの公務員集団の特徴・・【★★☆】

　①省庁公務員の多くは、民間との間での移動が多い。反面、身分保障がない。
　②省庁公務員は、原則としてメリット制が導入されているが、いまだに政治的任命が多い。
　③アメリカの連邦レベルの意思決定で大きな役割を果たす大統領府の公務員は、別系統の公務員である。

●イギリスの公務員制度・・【★★☆】

　イギリスでは、1850年代から70年にかけて、公務員制度の改革が行われた。そのきっ

かけとなったのが、53年に出されたノースコート・トレヴェリアン報告であった。同報告は、業績制に基づく公務員制度の樹立を勧告するものであった。55年には、大蔵省に人事委員会が設置されたが、この機関は、すべての政治勢力から独立したものであった。

ノースコート・トレヴェリアン報告に基づき、70年には、グラッドストン政権で公務員制度の改革が行われた。その結果、①公開試験制による任用制、②大蔵省の権限の拡大が行われた。

1968年には、フルトン委員会の報告書が発表された。同委員会は、公務の改善のために設置されたものである。その報告の内容で特に重要なのは、現行の公務員の分類・任用の方式である「職務分類方式」の問題点を指摘したところにある。同報告は、現行のシステムが職員採用の際に学歴を重視しすぎ、また専門職員に十分な責任や権限が与えられていないことにより、行政活動が大きく阻害されていると指摘した。イギリスでは、同報告の勧告に基づき、階級の整理・再編が行われてきている。ただし、上級職員のポストは、オックスフォード大学、ケンブリッジ大学出身者により占められている。

●フランスの公務員制度……………………………………………………【★★☆】

フランスでは、ナポレオンの治世下で、統一的位階制と中央集権化に立脚する新しい公務員制度の枠組みが作られた。19世紀フランスは、共和制、帝政、王制など、めまぐるしい体制の変化を経験するが、政界の不安定と反比例して、官僚制は一貫して勢力を維持し、強力で統一的な官僚組織が登場することとなる。

フランスの中央官僚制の特徴の1つは、その官房が持つ重要性である。フランスの官僚制では、「事務次官」のポストが存在しない。その理由は、各局の業務の調整の指揮を担当してきたのが伝統的に大臣官房であったことにある。同時に、官房長は、大臣の代役を務めるのである。また、それは、官房組織を統轄するのみではなく、所属省庁の政策立案でも主導的な役割を担っている。

一方、フランスの高級官僚は、事務系ではその大半を国立行政学院（ENA）の出身者が占めている。また、技術系のポストの大半を占めるのは、エコール・ポリテクニーク（理工系エリート養成機関）の出身者である。

A45 正解—2

1—誤　ナポレオンによる改革は、選挙による任命から長官による任命への変化である。
2—正　ドイツの官吏制度は、その当時後進国であったドイツを発展向上させるためのものであり、官吏は国民に奉仕するものではなく、君主に奉仕するものとされた。
3—誤　人事院制度は、第二次世界大戦後に採用されたシステムである。
4—誤　アメリカでは、ペンドルトン法によって、スポイルズ・システムからメリット・システムへと公務員制度が変化した。
5—誤　イギリスのノースコート・トレヴェリアン報告は1853年に行われた。そして、1870年から公開試験が実施された。

Q46 日本の官僚制の特徴

問 日本の官僚制に関する次の記述のうち、妥当なものはどれか。 （地方上級類題）

1　従来わが国の官僚制の特徴は稟議制にあり、これはわが国固有のものだとされてきたが、今日ではこうした通説的見解が批判されている。
2　稟議制では決定過程がすべて文書に表されるため、責任の所在が明確になり、しかもリーダーシップが十分に発揮される。
3　稟議制はトップダウンの意思決定方式であり、そのために意思決定までの時間が短くてすみ、決定過程が一元化される。
4　稟議制では事案の決定過程に関係者全員が参加することから、組織内での一体感を培養することになり、セクショナリズムの温存につながるという長所がある。
5　わが国の官僚制における意思決定は、すべて稟議制によって行われ、これがわが国の官僚制の特徴の1つになっている。

PointCheck

●稟議制のまとめ　　繰り返し確認　……………………………………………………【★★★】
(1)稟議制の意義

　これまでみてきたのは、官僚制全般にあてはまる一般理論であるが、これらの他にわが国の官僚制の最大の特徴として議論されてきたのが「稟議制」である。

　稟議制とは、組織の下位の者が起案した文書を順次上位の者に回覧して最終的な決裁を求める意思決定方式である。その特徴は末端の担当職員が起案すること、それが稟議書という形でまとめられ順番に上の者へと回され、それぞれ個別に審議されること、最終的な決定権者はその組織の長であることである。

(2)稟議制の特徴

長所	短所
・下位職員のモラールの高揚 ・決定内容が周知される ・決定過程が一元化される	・時間がかかり非効率 ・責任の所在が不明確になる ・セクショナリズムを温存 ・リーダーシップを阻害する

(3)稟議制論への批判

　従来の稟議制論では、稟議制はわが国固有のものだとされてきた。しかし最近になって、これはわが国固有のものではないこと、実際に用いられる意思決定方式も他にいろいろな方式が採られていることから、これまでの通説的な見方が批判されている。

問題でPointを理解する
Level 1 **Q46**

第1章
第2章
第3章
第4章
第5章
第6章
第7章

●**日本の官僚制における意思決定方式**……………………………………………【★★★】

形式上の類型区分		内容上の例	
稟議書	順次回覧決裁	通常の業務処理（裁量が狭い）	
	持ち回り決裁	重要な政策決定（裁量が広い）	
非稟議書	文書	特定方式	国会答弁資料作成
		非特定	生産者米価の試算の決定
	口頭	会議出欠の決定	

　従来、日本の官僚制における稟議制は、順次回覧決裁する稟議書によるものととらえられていたが、現実には、通常のルーティン業務には妥当するが、重要な政策・意思決定ほど、稟議書作成前に会議が頻繁に行われ、持ち回りによる決裁が行われているとの指摘がある。

●**日本の官僚制の特徴**　理解を深める……………………………………………【★☆☆】

(1)大部屋主義

　欧米の行政庁舎は小部屋に分割されることが多いが、日本では職員は課単位以上で大部屋に配置され、上下の序列が係員の席次にまで持ち込まれる。これにより、一面でチームワークのよい協働システムがもたらされているとの指摘もある。

(2)横割り組織

　本来、縦割り組織の中に分散しているはずの共通事務を、作業方法の同質性に基づいて分業の原理に従って寄せ集め、1つの単位組織に編成した組織が、横割り組織である。日本の行政機関は横割り組織が高度に整備されており、官房系統組織として一元的に統合されている。

(3)集団的意思決定

　重要な意思決定はすべて会議の場で集団的に行われる。これは、職場内での研修的意義や職員の参画意識を与えるものと評価できるが、半面でセクショナリズムの要因とも指摘される。

(4)官房系統組織

　官房系統組織がすべての意思決定過程に関与し、横割り組織として意思決定を一元的に統合する。課・部局の調整、対外的折衝など、重要な役割を果たす。

A46 正解─1

1－正　現実の意思決定は稟議制以外にも多様な方式があり、重要な意思決定ほど稟議以外の方法によっているのである。（井上誠一）

2－誤　稟議制は逆に、責任の所在が不明確で、リーダーシップが阻害されやすい。

3－誤　稟議制はボトム・アップの意思決定なので、時間がかかり非効率となる。

4－誤　セクショナリズムの温床は、組織にとっての短所となる。

5－誤　現実の意思決定では、稟議制以外の方式も多く採用される。

Q47 ラインとスタッフ

問 ラインとスタッフに関する次の記述のうち、妥当なものはどれか。 （国家一般）

1 スタッフの作業はラインの作業と異なり、執行権や命令権を有さず、単なる勧告権しか持たないのが特徴である。
2 スタッフは、命令系統が明確であることを重視する軍隊のようなところでは、その機能を十分発揮することができない。
3 ラインは専門的かつ常例の業務に習熟していることから、自己啓発につながる知能による創造的作業にきわめて積極的である。
4 わが国の行政組織においては、古くからある稟議制を活用して、ラインとスタッフの分化が行われた。
5 行政が複雑化、大規模化するに伴って業務の能力を重視する傾向が強くなり、スタッフの機能に対する評価は衰えていった。

PointCheck

●ラインとスタッフ・・・【★★★】

(1)ライン

与えられた目的の達成のための行為それ自体を仕事として活動する組織を、ラインという。ラインは、系列に対する権威と指揮命令権を独占する。したがって、組織はラインによって自分自身を表現するとされる。

(2)スタッフ

スタッフ機能は、ラインにとっての助言者としての機能と、何らかのサービスを行う機能とに分けて考えることができる。

①助言者としての機能

参謀的スタッフとも呼ばれ、シンクタンク的機能がこれにあたる。官僚集団は、執務を通じ蓄積した情報と専門知識とによって、大臣や首相の参謀としての役割を果たしてきた。

②サービスを行う機能

補助的スタッフとも呼ばれる。人事や予算など、組織全体にとって共通する仕事を分担することを通じて、ラインの仕事を補助する。

●ライン型編成とライン・スタッフ型編成・・・・・・・・・・・・・・・・・・・・・・・・・・・・・・【★★★】

行政組織には、基本的に2つの系統がある。ライン型編成とライン・スタッフ型編成である。

(1)ライン型編成

組織遂行すべき課題について、直接に責任を負う職位系列のことをライン型編成という。この職位系列の目的は、指揮命令系統の一元化の原理に基づいて、上位の職位と下位の職

問題でPointを理解する
Level 1 Q47

第1章
第2章
第3章
第4章
第5章
第6章
第7章

位とが単一の命令系統によって連絡することにある。

　スタッフ部門にあたる組織単位としては、官房や研究所が挙げられるが、小規模な組織ではスタッフ機能はラインの活動に吸収される形を採っている。

⑵ライン・スタッフ型編成

　組織はその規模に比例して、課題に直接関与しない、ラインを補佐する人事、財政、調査研究等の役割の必要性が高くなる。すなわち、ラインとスタッフの組み合わせの必要性が出てくるのである。ライン・スタッフ型編成とは、このような組み合わせによって構成される組織形態である。

●スタッフの起源‥‥‥‥‥‥‥‥‥‥‥‥‥‥‥‥‥‥‥‥‥‥‥‥‥‥‥‥【★★☆】

　軍事組織がスタッフ機能の起源である。19世紀のプロイセンの参謀本部がその最初のものである。その後、その組織思想の適用範囲は、現代の軍事組織、企業組織、行政組織などに広がった。行政学でも、ギューリックは、POSDCORBの展開において、ラインとスタッフの分離は組織化原理の最も重要なものの1つとしてとらえている。

●プロジェクト・チーム‥‥‥‥‥‥‥‥‥‥‥‥‥‥‥‥‥‥‥‥‥‥‥‥‥【★☆☆】

　プロジェクト・チームとは、ライン型編成とライン・スタッフ型編成のどちらにも分類されない、第三の組織設計の方法である。プロジェクト・チームは、柔軟性を欠いた既存の組織形態の欠陥を補うために登場した、組織形態としては新しいものである。

　現在ある業務の中でも、特定の課題を切り離して実施するのが適当と考えられる場合に、その課題を達成するために設置され、その課題が存在する期間存続するのが、プロジェクト・チームである。

　プロジェクト・チームでは、実際にはプロジェクト・チームに編成される行政執行官の人間関係というインフォーマルな側面や、それぞれが代表する所属省庁間の調整が重要になる。これは、既存の行政機関に所属している行政執務官に対し、一時的に新しい課題を与えたり兼任させたりするためである。

A47　正解―1

1－正　伝統的スタッフの概念では、執行権・命令権は有していない。

2－誤　スタッフは、作戦や計画の作成などについては、その機能を発揮できる。もともとスタッフの概念は、プロイセン軍隊がその起源である。

3－誤　ラインは、それが上級でも中・下級でも、創造的作業に消極的で、マンネリ化しがちである。

4－誤　わが国では、ラインがスタッフの機能を代行している。それは稟議制に原因がある。

5－誤　行政が複雑化・大規模化することによって、計画の作成・業務の調整などについてスタッフの果たす役割が増えてきた。

Q48 ストリート・レベルの行政職員

問 M. リプスキーのストリートレベルの官僚（street-level bureaucrats）に関するア～エの記述のうち、妥当なもののみを全て挙げているのはどれか。 （国家一般）

ア ソーシャル・ワーカーや教師など、日々サービスの対象者に直接接し職務を遂行する現場担当職員を、ストリートレベルの官僚と呼び、現場の職員であるがゆえに、職務上の裁量の余地が広く、対象者に対する権力が大きいことが特徴であるとした。

イ 外勤警察官の主な職務には、住民から持ち込まれた事案に対応する活動と、街の中で地域を巡回しながら行う活動があるが、異なる性質の業務を担当していることによる「エネルギー振り分けのジレンマ」を解消するには、巡回活動に専念する定型化が望ましいとした。

ウ ストリートレベルの官僚は、職務の性質上、上司の濃密な監督を受けないことから、職権を乱用した人権侵害、恣意的な法適用による不公平な対応、対象者との癒着などの弊害が懸念されるため、対象者の自宅を訪問することを禁止すべきとした。

エ 行政の仕事のうち、特に政策の実施や執行に関しては、行政改革の潮流の中で非営利組織などの主体に委ねられるようになり、行政組織と同様の役割を果たすようになる人々を「新しいストリートレベルの官僚」と呼んだ。

1 ア、イ　　2 ア、ウ　　3 ア、エ　　4 イ、ウ　　5 ウ、エ

PointCheck

◉ストリート・レベルの官僚制‥‥‥‥‥‥‥‥‥‥‥‥‥‥‥‥‥‥‥‥‥【★★★】

(1)ストリート・レベルの官僚制とは

ケースワーカーや外勤の警察官のように、末端の現場で政策を遂行している職員集団によって構成されている制度のことである。M. リプスキーが公共サービスの提供に関する実証研究において初めて使った概念であり、彼は、そのような行政職員には、広い裁量の余地が与えられ、対象者に対して行使できる大きな権力を持ち、直接対象者と接して日々の公務を実行していると指摘した。

(2)ストリート・レベルの行政職員の意義

ストリート・レベルの行政職員は法令上や組織上の大きな権限を与えられているわけではない。しかし、実際の行政活動はこの行政職員を通じて行われ、ストリート・レベルの行政職員が特筆される意義もそこにあるのである。

(3)法適用の裁量とエネルギー振り分けの裁量

ストリート・レベルの行政職員は、2つの裁量がある。

①法適用の裁量

法適用の裁量は、行政職員一般の業務に、程度の差はあっても常に存在するものであ

問題でPoint を理解する

Level 2 Q48

第1章

第2章

第3章

第4章

第5章

第6章

第7章

り、必ずしもストリート・レベルの行政職員固有の裁量というわけではない。

②エネルギー振り分けの裁量

　ストリート・レベルの行政職員は、質が異なる多様な業務処理をしなければならない場合が多い。限られた勤務時間とエネルギーを、どの業務に振り分けるべきかを自ら決定しなければならないが、行政職員は、上級機関、上司の監視が届かない所で、職務遂行について日々の指示を受けない。そのためエネルギー振り分けは、行政職員自らの判断で決定する以外になく、彼ら固有の裁量となる。

(4)ストリート・レベルの行政職員に対する評価の仕方

　ストリート・レベルの行政職員の勤務評定を行う際の唯一の材料は、上級機関、上司にとって、勤務記録に記録された処理件数などである。

(5)ストリート・レベルの行政職員のあり方に関する問題点

　行政活動の内容や範囲が、勤務記録に基づく勤務評定によって決定的な影響を受ける。例えば、外勤警察官は、違法駐車の摘発が高得点になる場合には、それに多くのエネルギーを振り分ける可能性があり、その結果、偏った行政活動がもたらされるかもしれないのである。

知識を広げる

懲罰的官僚制と代表的官僚制

　A. グールドナーは、管理者による労働者のコントロールを研究し、組織内部の規制と規律の形成過程に着目し2つの官僚制の分類を提示した。懲罰的官僚制は、労働者が管理者に押しつけられた規律によって統制される官僚制である。代表的官僚制は、上下の者の間で同意された規則によって規制され、専門家ないし技術者によって構成される官僚制である。

Level up Point!
近代官僚制と一口にいってもさまざまな形態をとる。その代表がリプスキーやグールドナーらの概念である。現実の柔軟な職員・システムを、体系的理論的に理解する姿勢が重要。

A48 正解－3

ア－正　市民と直接的に関係し広い裁量で業務を執行する、教師、警察官、ソーシャルワーカー、判事、裁判所職員、公的医療従事者などを指す。

イ－誤　巡回活動であっても、調査・犯罪予防・交通安全など、どの活動にどの程度のエネルギーを振り分けるかは警察官の判断に委ねられている。

ウ－誤　行政職員に与えられた裁量権が広いことで不公平や不適切な業務執行のおそれがあるのであって、権限の逸脱や違法行為の抑止は別の問題である。

エ－正　雇用に基づく職員のみでなく、委託に基づいて行政の業務執行を行う者も、広い裁量を与えられ権限を行使する場合は、同様の問題が生じる。

Q49 ウェーバーの官僚制論

問 官僚制に関する次の記述のうち、妥当なのはどれか。 （国家一般）

1　M. ウェーバーは、近代官僚制と家産官僚制を区別し、近代官僚制においては君主と官吏が主従関係にあり官吏の身分が拘束されているのに対して、家産官僚制においては自由な身分の官吏が契約によって任命されていることを特徴として対比した。

2　軍隊組織は、官僚制にはない特徴を持つ組織であり、厳格な身分制と明確な階級制、上位から下位への連絡が一元化された命令系統、意思決定の集権性、外部との関わり合いが抑制される閉鎖性などを特徴とする。

3　P. セルズニックは、官僚制による分業が組織内での利害の分岐を生み、官僚制全体の目的よりも下位組織の目的を重視し内面化することで、それぞれの利害が対立し、組織内のコンフリクトが生じると指摘した。

4　真渕勝は、我が国の官僚像について、1960年代以前の家産官僚制の性格を残す吏員型官僚、1970年代以降の自由民主党政権の長期化と利益団体の活動の活発化による国士型官僚、1980年代以降の政治と社会からの圧力による調整型官僚の登場を指摘した。

5　R. マートンは、官僚制組織の成員が訓練や実務を通じて組織にとって必要な行動原則を身に付けた時には、状況によって柔軟に行動原則に沿った行動が表出されるとして、官僚制の逆機能的側面を強調した。

PointCheck

●ウェーバーの官僚制論　　繰り返し確認 ……………………………【★★★】

【意思決定と情報伝達】
- 権限の原則
- 階統制の原則
- 公私の分離
- 文書主義

【人事制度】
- 契約による任命制
- 専門性の原則
- 資格任用制の原則
- 貨幣定額俸給制の原則
- 専業制の原則
- 昇任制の原則

①大きな組織は、行政、民間を問わず、すべて「官僚制」といわれる組織になる。

②官僚制とは組織の大規模化にともなって必然的に生じるピラミッド型の組織形態であり、政府であろうと民間企業であろうと、大規模化すればあらゆる組織がすべて官僚制化せざるを得ない。

③ウェーバーは、官僚制は高度な合理性を持ち、組織の目的を達成するために技術的に卓越しているとして、官僚制を高く評価している。

④官僚制の特徴として、権限の原則、階統制の原則、公私の分離、文書主義、契約による任命制、専門性の原則、資格任用制の原則、専業制の原則、貨幣定額俸給制の原則、昇

第1章

第2章

第3章

第4章

第5章

第6章

第7章

任制の原則を挙げた。

⑤官僚制は、歴史的には古代・中世の家産官僚制と近代の近代官僚制に分けて考えること
ができる。ウェーバーがいう官僚制は近代官僚制を指している。

◉**官僚制の病理**　　繰り返し確認　……………………………………………【★★★】

M. ウェーバー以降の官僚制についての理論では、現実の官僚制は必ずしもウェーバーの
指摘するとおりに機能しているわけではないとして、批判的な主張が展開された。

⑴ H. ラスキの理論

権力論の観点から官僚制を批判した。官僚制は合理的ではあるが、強力な権力集団となっ
て政治の実権を掌握し、一般市民の自由を侵害するおそれがある政治形態だと主張した。

⑵ R. マートンの理論

専門的な訓練を受けた官僚は、前提とされた事態と異なった状況が起こると不適応を起
こしてしまうとして、これを「訓練された無能力」と呼んだ。また、ある目的を実現する
ための手段それ自体がいつのまにか自己目的化してしまうとして、これを「目的の転移」
と呼んで批判した。

▼官僚制の機能と逆機能

【官僚制の機能】	【官僚制の逆機能】
権限の明確性 ―――――→	形式主義
専門性 ―――――→	セクショナリズム
身分保障 ―――――→	権威主義・事なかれ主義
文書主義 ―――――→	繁文縟礼（レッドテープ）

Level up Point!　　昨今の日本の状況を挙げるまでもなく、官僚組織も人間が構成するものである以上、さまざま
な問題を抱える。近代官僚制の近代性を特徴づけ、その合理性を保障するとされたものそのもの
が、その病理に転化するのである。

A49 正解ー3

1－誤　近代官僚制と家産官僚制の説明が逆である。

2－誤　軍隊は国家軍事力を行使するものであり、その組織は軍事行政を運営するもの
でもある。大規模な軍隊は一般の行政組織同様に官僚制化するものである。

3－正　熟練と専門化により、下位の官僚に組織目的に背反する価値と行動様式を生じ
ることになるとしている。

4－誤　真渕勝は、官僚の「公益観」の３分類（シューバート）によって、① 1960 年
以前の理想主義的な国士型官僚、② 1980 代以降の現実主義な調整型官僚、③
1990 年代以降の合理主義的な吏員型官僚があるとした。

5－誤　状況により柔軟に行動することができない「訓練された無能力」が、マートン
の指摘した逆機能である。

Q50 官僚制に関する議論

問 次の記述のうち、アメリカの政治学者によって提唱された「代表的官僚制」
(representative bureaucracy) の趣旨に最もよく合致するものはどれか。（地方上級）

1 民主主義体制下の公務員の人的構成は、一般国民のそれを反映したものであることが望
ましいので、女性、黒人、アジア系住民などについても、国民構成比に基づき採用人数を
割り当てる。

2 イギリスの政治家・思想家 E. バークの国民代表論にまで起源をさかのぼることのでき
る理論で、個別的・地方的利害から自由な人間を公務員に選任するために人文的教養を重
視した一般公開競争試験を行う。

3 公務員の選任は、議会制民主主義の下における政治家と同様に、有権者である国民への
応答性を基本とするから、検事や裁判官、警察署長などの公職の任用は一般住民投票に基
づいて行う。

4 一般に独任制を基調にする大陸型官僚制にあっては、最終的決定権を行使する個人の人
種的階級的偏見が優越しがちなので、独任制行政機関を公選に基づく行政委員会によって
置き換える。

5 民主制の下では、公務員が可能な限り主権者である国民の意思に従って行動することが
望ましいので、大統領や州知事など公選制の行政首長が直接任免できる政治的任用職を増
やす。

PointCheck

◎積極的差別是正措置としての代表的官僚制……………………………………………【★★★】

官僚制は「資格任用制の原則」に基づき、一般競争試験を実施して成績優秀者から採用を
行うべきものとされる。しかし、現実の社会的・経済的格差の存在を前提に考え、採用者の
構成が社会構成を反映しなければならないとする主張がある。この積極的差別是正措置（ア
ファーマティブ・アクション）の立場から、格差を解消するために、少数民族や特定の階級
に対して官僚の構成・採用制度に優遇措置を施すという政策が、代表的官僚制である。

◎官僚制に関する各種の議論……………………………………………………………【★★★】

(1) R. マートンの官僚制の「逆機能論」

①目的の転移

法令が存在する意義は目的達成だが、法令の遵守に汲々とするあまり、その制定目的
を忘れ、遵守すること自体が目的であるかのように自覚してしまうことを指す。

②訓練された無能力

官僚制では、ある標準的な状況を想定しこれに適合する心構え・態度を徹底的に訓練
する。こうした訓練を受けた人間は、異なる違った状況に出合うと、硬直した対応し

問題でPoint を理解する
Level 2 **Q50**

第1章

第2章

第3章

第4章

第5章

第6章

第7章

かができず、訓練されたとおりの心構え・態度で応じてしまいがちになる。

(2) P. セルズニックの官僚制論

官僚制の力の源泉は、熟練と専門的知識にあるが、熟練と専門化により官僚の視野は狭くなってしまう。組織における下位の官僚が、組織目的に背反する価値と行動様式（意図せざる結果）を発展させるメカニズムがここにある。

(3) パーキンソンの法則

C. パーキンソンは、イギリス海軍等を対象に調査を行い、公務員の数は一定の割合で増加するが、それは業務量とは無関係であるという法則を提示した。彼によると官僚は、①常に自分の部下の増員は望むが、競争相手の登場は望まず、②相互利益を目的に仕事を創出する、という習慣があり、この結果、公務員のピラミッド型組織のさらなる肥大化がもたらされる。

(4) M. クロジェの官僚制論

クロジェは、フランスの官僚現象をアメリカの組織論から検討し、官僚制を「自らの誤りを容易にただすことのできないシステム」「フィードバックの困難なシステム」とした。結果として、必然的にどの国の官僚制もそれ特有の官僚現象を持つことになるとした。

(5) グールドナーの代表的官僚制

A. グールドナーは、組織内部の規制と規律の形成過程に着目し、懲罰的官僚制（管理者に押しつけられた規律による統制）と代表的官僚制（同意された規則によって規制）という、2つの官僚制の分類を提示した。

この代表的官僚制の概念は、差別是正措置としての代表的官僚制とは異なる。

 Level up Point!　官僚制の病理といっても、それは、その官僚制が置かれた社会状況や政治文化といった環境の特性を反映するものである。当然日本と他の諸国とでは、病理の発現の仕方が異なる。

A50 　正解―1

- 1 －正　代表的官僚制の理論は、積極的差別是正措置（アファーマティブ・アクション）の一種で、社会の少数派に属する人種・民族の人々を、割当比率まで優遇する考え方である。
- 2 －誤　バークの「国民代表」論は、議員を抽象的な統一体としての国民を代表するものと考えることにより、選挙区民の意思から自由にすること（自由委任）にねらいがある。代表的官僚制論とは無関係である。
- 3 －誤　確かに、公務員を住民投票に基づいて選出すれば民主主義の要請にはかなう。しかし、代表的官僚制の理論とは無関係である。
- 4 －誤　独任制行政機関を行政委員会に置き換えれば、権力の分散や手続きの実践が図られるという意味で民主化するが、代表的官僚制の理論とは無関係である。
- 5 －誤　政治的任用職の増大は議会のルートを通じて行政の抑制に役立つが、代表的官僚制の理論とは無関係である。

第6章

行政の責任と統制

1 行政統制と行政責任

Level 1 ▷ **Q51,Q52**   Level 2 ▷ **Q58,Q59**

行政国家＝行政の役割が飛躍的に増大、権力の強化→積極的に政治の領域にまで踏み込む。

⇒行政統制：行政をいかに統制していくか。 ▶p114

⇒行政責任：行政がその結果についてだれに対して責任を負うべきなのか。 ▶p116 ▶p130

2 行政統制の分類

Level 1 ▷ **Q51**   Level 2 ▷ **Q58**

ギルバートによる統制方法の分類 ▶p114 ▶p129

「統制方法に法的根拠があるかどうか」　　Yes　→　制度的（公式的）統制

　　　　　　　　　　　　　　　　　　　　No　→　非制度的（非公式的）統制

「行政組織の外側から統制するか」　　　　Yes　→　外在的統制

　　　　　　　　　　　　　　　　　　　　No　→　内在的統制

　この4つを組み合わせて、統制の方法を「制度的・外在的統制」「制度的・内在的統制」「非制度的・外在的統制」「非制度的・内在的統制」の4つにまとめた。

3 行政統制の具体的な方法

Level 1 ▷ **Q51**   Level 2 ▷ **Q58**

　行政をしっかりコントロールしていくためには、大きく4つに分けられる統制手段を効果的に組み合わせて行う必要がある。

	制度的（公式的）統制	非制度的（非公式的）統制
外在的統制	・議会による統制 ・裁判所による統制 ・オンブズマン制度 ・情報公開制度	・マスコミの報道 ・圧力団体の活動 ・住民運動
内在的統制	・行政組織内部での指揮・監督 ・行政監察	・公務員の自律性や職業倫理

4 行政責任

Level 1 ▷ **Q52,Q53**   Level 2 ▷ **Q58,Q59**

行政責任論争（F＝F論争） ▶p118

　行政責任確保のあり方をめぐっては、1940年代のアメリカにおいて一大論争（ファイナー＝フリードリッヒ論争《F＝F論争》）があった。ファイナーが政治行政二分論の立場に立ち、フリードリッヒは政治行政融合論の立場に立って責任論を論じた。

全体像をつかむ
POINT整理

第1章

第2章

第3章

第4章

第5章

第6章

第7章

ファイナー：外在的責任論
　議会による統制を重視し、行政は議会という行政外部に対して責任を負うべきと主張。
フリードリッヒ：内在的責任論
　議会の統制は機能不十分、行政内部による統制や同僚の行政官によるチェックを重視。

5 行政参加　　　　　　　　　Level 1 ▷ **Q54〜Q57**　Level 2 ▷ **Q60**

⑴オンブズマン ▶p120
　公務員が法を守って行政を行っているかどうかを調査・監視し、違法な行為をした者や職務上の義務に違反した者がいる場合には、それを訴追する権限を持つもの（1809年にスウェーデンにおいて初めて設けられた）。
　一般に議会によって選任され、議会に所属しているが、チェックする相手である行政府から独立しているだけでなく、議会からもある程度独立した地位が保障される。

⑵情報公開法 ▶p122
　①情報公開制度とは
　　国民・住民から、行政が持っている情報の公開を請求されたときには、原則として公開しなければならないとする制度。
　　行政を統制する方法の1つであり、国民、住民の知る権利を保障するものでもある。
　②情報公開制度の歴史
　　1951年にフィンランドで制度化、その後、アメリカ、カナダなどの国々に普及。
　　日本では、地方レベルで1982年に山形県金山町、神奈川県で情報公開条例が制定され、国レベルでは1999年に情報公開法が制定された。
　③情報公開の問題点
　　情報公開は、行政の透明性と公正さを確保することが目的であるが、行政組織には、情報を独占して政策の形成過程や執行手続きをあまり明らかにしない傾向がある。
　　また、国民・住民のプライバシーに関する事項や国防・外交などの高度な機密事項をめぐって、どこまで情報を公開するべきかという課題が残されている。

⑶行政広報（行政PR） ▶p124
　①行政広報の二面性
　　行政広報は、行政機関が公衆に情報を発信する作用（狭義の行政広報）だけでなく、公衆から情報を受信する作用（行政広聴）という、双方向の過程がある。
　②行政広報の種類
　　行政広報：自主広報（市政だより）・依存広報（TV広報番組）
　　行政広聴：個別広聴（市民相談）・集団広聴（説明会）・調査広聴（行政モニター）

⑷行政への直接参加 ▶p126
　①政策立案過程への参加（諮問機関・行政嘱託委員・市民参加）
　②行政立法過程への参加（パブリック・コメント）
　③行政計画策定過程への参加（都市計画についての公聴会や環境影響評価）

Q51 行政統制

問 行政統制に関する次の記述のうち、妥当なものはどれか。 （地方上級）

1　行政統制とは、議会、裁判所、住民投票など、行政の外部から制度的に統制されることをいう。
2　行政統制とは、議会が行政を完全に従属させることをいうのであって、裁判所による判決は無関係である。
3　行政統制とは、議会、裁判所、行政監察機関などの制度的統制と、専らマスコミなどによる非制度的なものを指す。
4　行政統制に関するさまざまな手段や理論は、議会や裁判所による統制機能を一層強化するために生まれたものである。
5　行政統制とは、行政内部における制度的・非制度的な統制と、行政外部からの制度的・非制度的な統制をいう。

PointCheck

●行政統制の類型··【★★★】

	制度的統制（法律上）	非制度的統制（事実上）
外在的統制	①議会による統制 ②執政機関^注による統制 ・オンブズマン ・直接民主主義的諸制度 ③裁判所による統制	・諮問機関における要望など ・聴聞手続における要望など ・情報開示請求による統制 ・圧力団体の活動 ・市民運動や住民運動 ・マス・メディアによる報道 ・専門家集団による評価など
内在的統制	①人事院による統制 ②会計検査院による統制 ③その他官房系組織による統制 ④各省大臣による執行管理 ・上級庁による指揮監督 ・上司による職務命令	・職員組合の要望など ・同僚職員による評価など

注：執政機関とは、内閣、内閣総理大臣、各省大臣のことである。

●制度的外在的統制……………………………………………………………………【★★★】
　⑴議会による統制
　　①立法権による統制
　　　法律案の議決、予算・決算の議決、条約の承認、これらの審議過程での質疑と決議。
　　②人事権による統制
　　　内閣総理大臣の指名、人事院の人事官・会計検査院の検査官・行政委員会の委員の任
　　　命についての質疑と同意。
　　③国政調査権による統制
　⑵執政機関による統制
　　①内閣による統制
　　　・法案提出権による統制：内閣提出法案や予算・決算の承認、条約締結権など
　　　・政令制定権による統制、人事権による統制：最高裁裁判官の任命権、行政委員会委
　　　　員の任命権など
　　　・指揮監督権による統制：各種の施政方針の決定・了解・了承など
　　　・内閣法制局による統制：内閣提出法案・政令案についての法令審査など
　　②内閣総理大臣による統制
　　　国務大臣の任免権と指揮監督権による統制、内閣府の主任大臣としての人事権と指揮
　　　監督権による統制など。
　　③各省大臣による統制
　　　各省の主任大臣としての省令制定権による統制、人事権と指揮監督権による統制など。
　⑶裁判所による統制
　　法律による行政の原理を担保するものとして、違法・不当な行政活動については、裁判
　による司法統制（行政事件訴訟）が存在する。ただし、通常は、行政訴訟の前段階として、
　行政内部による不服処理制度が存在し（制度的内在的統制）、それでも解決できない場合
　に行政訴訟を提起する手続きがとられる。
　　※日本を含めた英米法系の諸国の行政事件訴訟は、通常の司法裁判所によって処理され
　　　るが、ドイツなどの大陸法系の諸国では、行政事件独自の行政裁判所が設置される。

A51 正解─5

1─誤　会計検査院、人事院をはじめ、行政統制には内在的統制もある。
2─誤　裁判所による統制も重要である。
3─誤　非制度的な統制としては、マスコミの他、圧力団体、市民運動などがある。
4─誤　行政国家化の進展により、議会や裁判所による統制が機能しなくなったことか
　　　ら生まれたのである（**Q58** 参照）。
5─正　ギルバートの4類型に対応する。

Q52 行政責任

問 行政学上の行政責任論に関する次の記述のうち、妥当なものはどれか。（地方上級類題）

1 行政官の行政責任には、任務責任、服従責任および説明責任があり、任命権者から課される制裁に服する責任は含まれない。

2 行政官は法令・予算による規律、上司の指示・命令に忠実に応答すればよく、自発的、積極的な裁量行動にまでは行政責任は含まれない。

3 行政職員が組織する労働組合や職員団体は、行政活動に対して法制度上の統制権限を有していないため、これらの団体の要望や期待に応答することは行政責任に含まれない。

4 行政官の説明責任としては、国民の代表である議会に対して自己のとった行動について説明すれば足りるため、広く国民一般に理解を求めることまでは含まれない。

5 行政官が自己の良心に従って行動する責任を自律責任といい、この責任は私的利害と公共的責任とのジレンマ状況を克服する鍵となる。

PointCheck

◉行政責任‥‥‥‥‥‥‥‥‥‥‥‥‥‥‥‥‥‥‥‥‥‥‥‥‥‥‥‥‥‥‥‥‥‥‥‥‥【★☆☆】

　行政責任論とは行政はその結果について、だれに対して責任を負うべきかを問う議論である。ただ、近代国家の多くは民主主義体制が通常であり、政府は国民の信頼によって支えられている。それゆえ、政府はその信頼に答えることが求められ、市民もまた、政府を自らの監視・統制下に置くように努めなければならない。行政責任とは、このような行政統制の問題でもある。

◉行政責任の内容‥‥‥‥‥‥‥‥‥‥‥‥‥‥‥‥‥‥‥‥‥‥‥‥‥‥‥‥‥‥‥‥‥【★★★】

　「責任」という概念を類型化すると、次に挙げる4つとなる。
　①任務責任：国会や内閣、長や議会などの政治機関によって課された任務を遂行する責任
　②服従責任：法令や条例、上級機関による指令、上司の指示・命令に基づき行動する責任
　③弁明責任：政治機関や監督者の問責に対し自己のとった行動について弁明する責任
　④受裁責任：政治機関ないし任命権者が行う制裁に従う責任

◉行政責任の分類‥‥‥‥‥‥‥‥‥‥‥‥‥‥‥‥‥‥‥‥‥‥‥‥‥‥‥‥‥‥‥‥‥【★★★】

　行政責任を分類すると次のようになる。
　・責任の範囲の視点から、受動的責任と能動的責任とに分けられる。
　・責任をとる相手方の視点から、制度的責任と非制度的責任とに分けられる。
　・行政職員の価値や信条の視点から、他律的責任と自律的責任とに分けられる。

内容	分類基準	分類
・任務責任	責任の範囲	受動的責任・能動的責任
・服従責任	責任をとる相手	制度的責任・非制度的責任
・弁明責任		
・受裁責任	行政職員の価値や信条	他律的責任・自律的責任

※比較的新しい行政責任として、能動的責任、非制度的責任、自律的責任が挙げられる。

◉能動的責任‥‥‥‥‥‥‥‥‥‥‥‥‥‥‥‥‥‥‥‥‥‥‥‥‥‥‥‥‥‥‥‥【★★★】

　行政官・行政職員が、法令・予算の規律、上級機関や上司の指示や命令・判断に忠実に応答する責任が従来の行政責任に当たるものであったが、現代における行政官・公務員の任務を考察する場合には、このような古典的な統制制度では十分に範疇に入りきらない行政責任の問題が多く生じている。すなわち、行政国家化が深化し、行政裁量の余地が大幅に拡大した事実を背景に、新しい責任が必要となったのである。その1つが能動的責任である。これは、補助責任と補佐責任に分けられる。

⑴補助責任

　現代の行政官・公務員の任務には、命令・予算による規律、上級機関の指令、上司の個別の指示・命令に違背しない限り、能動的主体的に裁量し、最も賢明な行動を選択することが含まれている。それが、裁量の範囲が大幅に拡大した状況における下級機関・部下の補助責任である。

⑵補佐責任

　現代の行政官・公務員は、組織法令上与えられている所掌事務の範囲に新しい問題が発生した際には、これを迅速に感知し、対策を立案して上級機関に上申し、さらには政治機関に提案すること、上司・上級機関・政治機関の意思決定に関してアドバイス、忠告すること、時には、諫言することも期待されている。それが、補佐責任である。

A52　正解ー5

1 ー誤　行政責任は、基本的には、任務責任、服従責任、弁明責任、受裁責任の4つに分類される。

2 ー誤　行政官には、その裁量行動に対し、従来のものに加えて補助責任と補佐責任があるとされている。

3 ー誤　行政職員は行政統制の権限の有無にかかわらず、組織する労働組合や職員団体などに対しても、応答することが求められている。

4 ー誤　ファイナーの議論では、行政責任は議会に対する責任ということになる（**Q53**参照）。

5 ー正　フリードリッヒによると、行政責任のジレンマを克服するためには、自律的責任が鍵となる（**Q53**参照）。

第1章
第2章
第3章
第4章
第5章
第6章
第7章

Q53 行政責任論争

問 ファイナーとフリードリッヒの行政責任論争に関するA～Dの記述のうち、フリードリッヒの主張として妥当なものを選んだ組合せはどれか。 (地方上級)

A 行政の仕事の内容が複雑化・専門化した状況では、議会による統制は権利の乱用を防ぐという消極的な役割しか果たさず、行政責任を確保する上で実効性がない。

B 行政官は、誤った作為に対して責任を負うと同様に、不作為においても責任を負わなければならない。

C 行政責任とは、「XがYについてZに対して説明できる」ことを意味しており、説明しなければならない機関ないし個人が外部に存在している点が本質的に重要である。

D 個人的な責任感に訴える責任原理は、ナチズムやスターリニズムにおいても成り立ち、それに立脚して専制主義は台頭することになった。

1 A、B **2** A、C **3** B、C **4** B、D **5** C、D

PointCheck

◉行政責任論争（F＝F論争） ･････････････････････････････････････【★☆☆】

1930年代から40年代にかけて、行政責任をめぐってC.J.フリードリッヒとH.ファイナーの間で論争が行われた。これを「ファイナー＝フリードリッヒ論争（F＝F論争）」という。

◉ C.J. フリードリッヒの行政責任論 ･････････････････････････････････【★★★】

⑴フリードリッヒの指摘

アメリカの行政学者フリードリッヒは、「現代の行政国家においては、行政責任は政策の執行に対する責任だけに限定するわけにはいかず、より包括的な責任になっている」と指摘した。この指摘は、議会や裁判所、行政機関内部による統制、つまり制度的統制の限界を指摘することにもなった。

⑵行政責任の区別

フリードリッヒは、行政責任を機能的責任と政治的責任に区別した。

①機能的責任：客観的に確立された技術的・科学的な「標準」に従って判断し、行動する。

②政治的責任：市民感情に応答して判断し、行動する。

※フリードリッヒの関心は、行政職員の内面に「道徳的宗教的な責任感覚」を確立することにあった（内在的責任論）。

⑶フリードリッヒの行政責任論の立場

①応答性（responsibility）を重視する行政責任といわれ、行政理論の区分でいえば、政治行政融合論の立場に近い。

②行政責任の区分でいえば、能動的責任、非制度的責任・自律的責任に近い責任である。また、行政職員の内面を重視することから、内在的責任論を提示した。

◉H.ファイナーの行政責任論 ┈┈┈┈┈┈┈┈┈┈┈┈┈┈┈┈【★★★】

⑴ファイナーの指摘

イギリスの行政学者ファイナーは、「行政職員は、国民が選挙で選んだ代表者たちに責任を負うべきだ」と指摘した。

⑵行政責任の区別

ファイナーによれば、2種類の責任がある。

①「道徳的義務に対する内在的個人的感覚」に基づく責任

この責任概念はフリードリッヒの政治的責任に近い概念であるが、一般的抽象的な責任概念であり、行政責任の特性を示していない。

②「XはYの事項に関してZに対して説明・弁明し得る(X is accountable for Y to Z.)」という公式が成立する責任

ここでは説明・弁明の相手方(Z)は議会である。

⑶ファイナーの行政責任論の立場

①答責性(accountability)を重視する行政責任といわれ、行政理論の区分でいえば政治行政二分論の立場に近い。

②行政責任の区分でいえば、受動的責任、制度的責任、他律的責任に近い責任である。また、議会に対する答責性を重視することから、外在的責任論を提示した。

▼フリードリッヒとファイナーの比較

フリードリッヒ	ファイナー
応答性	答責性
政治行政融合論	政治行政二分論
内在的責任論	外在的責任論

A53 正解—1

A−正 議会や裁判所による制度的・外在的統制は現代の行政国家に妥当せず、フリードリッヒは、より行政職員自身の内在的統制・内在的責任を重視する。

B−正 フリードリッヒは行政責任を、機能的責任と政治的責任に分類し、行政職員がより積極的に市民感情に応答すべきとしており、作為のみならず自らの不作為による責任も負うべきとする。

C−誤 ファイナーの行政責任についての説明であり、外部のZに対する答責性、すなわち外在的統制・外在的責任を重視するものである。

D−誤 内在的統制を重視したフリードリッヒに対する批判であり、ファイナーの側からの主張である。

Q54 オンブズマン

問 オンブズマン制度に関する次の記述のうち、妥当なものはどれか。 （地方上級類題）

1 オンブズマン制度は 1809 年にスウェーデンで導入されたのが最初であり、その後、各国に広まっていった。

2 オンブズマン制度はアメリカ、イギリスのような行政型オンブズマンが原則であるが、中には議会がオンブズマンを任命する議会型オンブズマンの形態をとる国もある。

3 アメリカでは国家レベルの行政を統制するための連邦オンブズマン制度が導入されている。

4 わが国でもリクルート事件を契機としてオンブズマン制度が導入されたが、それは具体的には行政型オンブズマンである。

5 オンブズマン制度は北欧諸国やイギリス、アメリカなどで例外的に導入された制度であり、コストがかかる割に当初期待したほどの効果を上げていないことから、あまり普及していない。

PointCheck

●オンブズマンの定義‥‥‥‥‥‥‥‥‥‥‥‥‥‥‥‥‥‥‥‥‥‥‥‥‥‥‥‥‥【★★☆】

オンブズマン（行政監察官・護民官）は、行政の間違った政策や見過ごされている社会問題に対して、国民による苦情に対応して監査を行う役職を指す。監査は非司法的な手段で行われる。

●オンブズマンの分類‥‥‥‥‥‥‥‥‥‥‥‥‥‥‥‥‥‥‥‥‥‥‥‥‥‥‥‥‥【★★★】

オンブズマンは、苦情処理の対象領域に従って、総合型オンブズマンと専門型オンブズマン、その活動の責任の所在に従って、議会設置型オンブズマンと行政設置型オンブズマンとに分かれる。

(1)苦情処理の対象領域による分類
　　①総合型オンブズマン‥‥‥‥行政の総合的な苦情処理を行う
　　②専門型オンブズマン‥‥‥‥行政の特定分野の苦情処理を行う

(2)責任の所在による分類
　　①議会設置型オンブズマン‥‥‥‥議会がオンブズマンの活動の責任を負う
　　②行政設置型オンブズマン‥‥‥‥行政がオンブズマンの活動の責任を負う

オンブズマンは、原則的には国政調査権を代行する機関であるため、研究者の間では、議会設置型オンブズマンこそが、本来のオンブズマンの形態であるとする見解が多い。

●世界の実施状況‥‥‥‥‥‥‥‥‥‥‥‥‥‥‥‥‥‥‥‥‥‥‥‥‥‥‥‥‥‥‥【★★☆】

　スウェーデンでは1809年、議会が行政官庁を監督するために設置した（世界初）。現在では人権擁護活動も担っており、それは総合型オンブズマンかつ議会設置型オンブズマンである。その後、とりわけ1960年代以降になると、北欧諸国から英連邦諸国へ、さらにアメリカの諸州へと急速に普及した。

　オンブズマンという名称自体も国によって異なる。フィンランドでは「司法総裁」、イギリスでは「議会コミッショナー」、フランスでは「メディアトゥール」と呼ばれている。イギリスの「議会コミッショナー」は、国民と直接接触することがなく、議員からの苦情を受け付ける形態であるが、首相が任命するという制度である。

●日本の実施状況‥‥‥‥‥‥‥‥‥‥‥‥‥‥‥‥‥‥‥‥‥‥‥‥‥‥‥‥‥‥‥【★☆☆】
　⑴国レベル

　　国レベルのオンブズマン設置が明確に実施されないのは、行政側の激しい抵抗のほかに、オンブズマン制度に類似した機能がすでにかなり存在しているためである。総務省行政評価局は国際オンブズマン協会の正会員である。
　　例）行政機関の審判、行政不服審査、各種苦情相談、行政監察（総務省行政評価局）
　⑵地方レベル

　　地方レベルでは、1990年に神奈川県川崎市が初めて導入した。行政全体を監視する総合型オンブズマンであり、市長が議会の同意を得てオンブズマンを任命する行政設置型オンブズマンである。

　　公的なオンブズマン制度を設置している都道府県・市町村は70カ所以上ある（2016年総務省問い合わせ結果に基づく）。
　＊参考：市民オンブズマン

　　最近では、情報公開制度を利用して行政監察を行う「市民オンブズマン」が誕生している。これは公的団体ではなく住民運動の一環である。

A54 正解ー1

1－正　オンブズマン制度はまずスウェーデンで導入され、その後、北欧諸国からアングロ・サクソン系諸国に普及していった。
2－誤　オンブズマン制度は議会設置型オンブズマンが通常であり、行政設置型オンブズマンはむしろ例外形態である。
3－誤　アメリカでは州知事が任命する州単位のオンブズマンが導入されており、連邦レベルでは導入されていない。
4－誤　わが国では国レベルのオンブズマン制度は導入されておらず、地方レベルで神奈川県川崎市が1990年に初めて導入した。
5－誤　オンブズマン制度はその後各国へ普及し、効果を上げているといえる。

Q55 情報公開制度

問 情報公開制度に関する次の記述のうち、妥当なものはどれか。 　　　　　(国家一般)

1 　情報公開制度は行政統制の1つの方式であり、これによってできる限り行政機関の保有する情報を公開させようとするものである。

2 　情報公開制度が導入された場合には、行政機関の最終決定が公開されるのであるから、決定に至るまでの会議の議事録などの公開は必要ないとされる。

3 　わが国をはじめ北欧諸国において採用されている情報公開制度は、法令に義務づけられた事項に限って、政府がその保有する情報を国民の請求を待つことなく公開しなければならないとするものである。

4 　情報公開制度は、国民全体の保護のために認められているものであるから、仮に個人のプライバシーが侵害されるおそれがあっても、情報公開が優先することになる。

5 　情報公開制度においては、公開の対象は一般に国の保有する情報に限られている。これは地方自治体の実状は各自治体によってさまざまであり、情報を公開することは住民の間に不平等感を醸成するおそれがあるからである。

PointCheck

◉**情報公開制度の定義**・・・【★★☆】

　情報公開制度は、「政府が保有する情報について請求権者から開示の請求を受けたときには、原則として政府はこれを開示する義務を負う制度」である。

◉**情報公開制度の現状**・・・【★★★】

(1)地方レベル

　1982年3月に山形県金山町が初の公文書公開条例を制定した。1982年10月に神奈川県が都道府県レベルで初めて情報公開条例を制定した。現在、すべての都道府県で情報公開条例が制定されている。

(2)国レベル

・行政改革委員会（1994年設置：村山内閣）における行政情報公開部会
・1996年　情報公開法要綱案を公表
・1999年　情報公開法が成立
・2001年4月　施行

◉**情報公開法の内容**・・・【★★☆】

①請求権者は「何人も」であり、国民・法人・外国人を問わない。
②公開対象機関は国の行政機関であり、国会と裁判所は対象外である。
③非公開情報の範囲は、防衛、外交、犯罪捜査、個人情報などである。

④公開の手続きに関しては、行政機関は公開の可否を30日以内に請求権者に通知する義務がある。

⑤非公開の通知を受けた場合の救済方法としては、請求権者は行政機関に不服申し立てをすることができる。この場合、行政機関は「情報公開・個人情報保護審査会」（内閣府）に諮問し、答申（法的拘束力はない）を参考に対応を決定する。

⑥「知る権利」については、法律に盛り込まれなかった。

◉情報公開・個人情報保護審査会　　理解を深める　………………………………【★☆☆】

(1)組織：合議制の諮問機関

(2)目的：諮問に応じ、不服申し立てについて審議すること

(3)設置場所：総務省

(4)メンバー：15人の委員

　委員は非常勤であり、そのうち5人までは常勤とすることが可能。委員は有識者のうちから、両議院の同意を得て任命される。任命権は、内閣総理大臣に帰属する。委員の任期は3年。再選もできる。委員の罷免の場合にも、両議院の同意が必要。

(5)権限：

①事件の審議にあたる委員が直接、開示請求に係る行政文書、独立行政法人の法人文書、および行政起案と独立行政法人の保有する個人情報を検討するようにとりはからうこと。

②必要な調査を行うこと。不服申立人、参加人、諮問庁に意見書または資料の提出を請求し、参考人に陳述を要求、または鑑定をさせるもの。

③諮問に関する説明を求めること。審査会の指定する方式により、行政文書等またはその部分と請求の理由とを分類・整理するなどの方法による。

A55　正解－1

1－正　情報公開によって、国民は政府の行動を監視するのである。

2－誤　民主主義では決定に至る過程が重要である。単に最終決定だけを公開するのではなく、その過程の議事録なども公開する必要がある。

3－誤　狭い意味での情報公開制度は、国民からの請求のあった情報の提供を行うというものである。国民の請求を待たずに公開するのは、広報活動である。

4－誤　個人のプライバシーを侵害するものに関しては、人権保護の観点から非公開とされる。しかし、その範囲は必要最小限にとどめるべきである。

5－誤　情報公開を最初に制度化したのは各地方自治体である。日本において、国レベルで情報公開法が制定されたのは1999年になってからである。

Q56 行政広報

問 行政広報にはツーウェイ・コミュニケーションが必要であるとされているが、その理由として妥当なものはどれか。 (地方上級)

1 住民からの意見を漠然と聞くだけでなく、直接体験からの生の声を聞く必要がある。
2 広報誌などに「お知らせ記事」を掲載するだけでなく、「問題提起的記事」を掲載する必要がある。
3 住民に行政部の情報を知らせるだけではなく、住民の意見を熱心に収集することが必要である。
4 広報担当課による広報活動に限るのではなく、事業郵便による直接的な活動が必要である。
5 広報誌等の自主媒体に依存するだけではなく、マス・メディアの利用も図る必要がある。

PointCheck

◉行政広報（行政ＰＲ）の二面性‥‥‥‥‥‥‥‥‥‥‥‥‥‥‥‥‥‥‥‥‥‥‥‥‥‥【★★★】
⑴行政広報の分類
　行政広報は、行政機関が公衆に情報を発信するだけでなく、公衆から情報を受信するという、双方向の過程（ツーウェイ・コミュニケーション）である。ここから、行政広報は、行政広報（狭義の広報概念）と行政広聴とに分類される。
⑵行政広報の限界
　行政広報の内容は、行政機関がすでに決定した政策や事業の内容や結果が多く、まだ決定されていない政策や事業の内容に関係する広報は少ない。また、当然、行政機関に不利となるような情報が能動的に開示されることは期待できず、行政広報のみでは公衆に十分な情報を提供しているとはいえない。このことから、「情報公開なくして参加なし」の声が高まり、情報公開制度や、住民の行政への参加が必要とされるようになった。

◉行政広報＜狭義＞‥‥‥‥‥‥‥‥‥‥‥‥‥‥‥‥‥‥‥‥‥‥‥‥‥‥‥‥‥‥‥‥【★★☆】
行政広報は、広報媒体によって自主広報と依存広報に分かれる。
⑴自主広報
広報誌などを通じた直接的な情報提供である。
⑵依存広報
　新聞やテレビなどのマス・メディアを通じた間接的な情報提供である（この広報を特に、パブリシティという）。

●**行政広聴**‥‥‥‥‥‥‥‥‥‥‥‥‥‥‥‥‥‥‥‥‥‥‥‥‥‥‥‥‥‥‥‥**【★★☆】**

　行政広聴は、行政機関が公衆の意見を聴取する形態によって、個別広聴、集団広聴、調査広聴に分かれる。

⑴個別広聴

　個別的に意見・要求を聴くものである。その例として、市民相談などの各種窓口相談がある。

⑵集団広聴

　多人数の集会において意見を聴くものである。その例として、市政説明会、市民集会、タウン・ミーティングなどがある。

⑶調査広聴

　モニタリングなどの調査的なコミュニケーションである。個別広聴や集団広聴のような対面式とは違い、文書式によって意見を聞く。その例として、世論調査、行政モニター制度がある。

▼行政広報（行政ＰＲ）の分類

行政広報	行政広報	自主広報…広報誌の発行
		依存広報…パブリシティ
	行政広聴	個別広聴…市民相談
		集団広聴…タウン・ミーティング
		調査広聴…行政モニター制度

A56 正解―3

1－誤　ツーウェイ・コミュニケーションとは、行政から国民へ、国民から行政へと双方に情報が交流することである。漠然と意見を聞くのも、生の声を聞くのも広聴であり、ツーウェイ・コミュニケーションが必要とされる理由とは関係ない。

2－誤　ツーウェイ・コミュニケーションは、民意の収集を図る必要があるということを指している。問題提起的記事を載せることではない。

3－正　これがツーウェイ・コミュニケーションである。

4－誤　ツーウェイ・コミュニケーションは、事業郵便という手段とは無関係である。

5－誤　広報誌の発行もマス・メディアの利用も広報活動の手段であり、ツーウェイ・コミュニケーションが必要とされる理由とは関係ない。

Q57 行政への直接参加

問 いわゆる行政への直接参加に関する次の記述のうち、妥当なものはどれか。 （国家一般）

1　行政への直接参加とは、国民が実際の行政活動の実施に際して、金銭や労力などで協力することを意味する。わが国においては、戦時体制における「総動員」として、行政への直接参加の整備が進められたが、戦後には行政への直接参加は否定された。

2　行政への直接参加とは、常勤の行政職員として行政活動の任務に当たることを意味する。国民の行政への直接参加が確立するのは、行政職員への採用が特定の身分からの採用ではなく、競争試験によって全国民に開かれてからである。

3　公共事業・開発事業などによって影響を受ける地域住民は、住民運動を組織して抵抗することもある。このような事態を１つの契機として、住民が行政へ直接参加する住民参加が試みられた。住民参加にも種々の方式があるが、行政と住民の交渉という形態が普通である。

4　現代行政においては、政令・省令などの行政立法の制定への国民の直接参加が重要な課題となっている。わが国でも1993年制定の行政手続法によって、国民の直接参加の仕組み（パブリック・コメント制度）が整備された。

5　わが国では、行政への直接参加は国レベルにおいて進められ、都道府県や市町村という地方自治体レベルでは試みられてこなかった。これは、国の行政の方が地方自治体に比べてマスコミによる報道も多いなど、国民の関心をより強く集めてきたからである。

PointCheck

◉政策立案過程への参加形態 ……………………………………………【★★☆】
公衆が、行政機関が策定する政策や事業の立案過程に参加するルートとしては、諮問機関方式、行政委嘱員方式、市民参加方式がある。

(1)諮問機関方式
公衆に対して、審議会（国家行政組織法第８条等）などに、対象集団や利害関係者の代表として参加を要請する方式である。

(2)行政委嘱員方式
公衆に対して、民生委員・人権擁護委員などのように、行政活動の一部の担い手として参加を要請する方式である。

(3)市民参加方式
公衆に対して、市民会議や県民会議などのように、集団で討論することによって参加を要請する方式である。

◉行政立法過程への参加形態 ……………………………………………【★★★】
現代国家が行政国家になり、行政裁量の余地が大幅に拡大した結果、委任立法が増加し、

膨大な行政立法が制定されている。そこで、この行政立法過程に、対象集団や利害関係者の意見を反映させる制度が必要になり、行政手続法の改正により、意見公募手続（法令制定の事前手続＝パブリック・コメント）が制定された。

◉**行政計画策定過程への参加形態**……………………………………………………【★★☆】
　行政立法過程において意見照会を行うという事前手続きの必要性は、行政計画策定過程、例えば、都市計画や環境影響評価などで導入されている。
　(1)都市計画
　　都市計画案についての公聴会の開催や、利害関係を持つ住民の意見を反映するなどの手続きが導入されている。
　(2)環境影響評価
　　環境に影響を及ぼす政策や事業を事前に調査・予測・評価する「環境影響評価（環境アセスメント）制度」が導入されている（環境影響評価法は 1999 年 6 月施行）。

◉**抵抗型住民運動の位置づけ**…………………………………………………………【★★☆】
　1960 年代から、空港、新幹線、高速道路、原子力発電所、産業廃棄物処理場などの建設や都市再開発事業に対して、住民運動が頻発するようになった。これは抵抗型住民運動と呼ばれるもので、行政計画策定過程に影響を与えるものである。しかし、行政の計画に参加できる可能性は低い。というのも、利害関係住民の範囲を決めることが難しく、計画自体に変更の可能性があるため、計画過程の初期段階から諮問機関に参加させるやり方は効果があるとはいえないからである。

A57 正解－3

1－誤　行政活動への直接参加が要請されるのは、行政に対する制度的統制だけでは実効性を期待できないからである。国家への協力ではなく、監視・コントロールが期待されるのである。

2－誤　直接参加が要請されるのは、国民が直接的に行政権力をチェックすべきことであるから、政策立案・行政立法・計画策定への参加や、行政手続きへの参加が重要である。

3－正　抵抗型住民運動では、計画の初期段階から団体の代表者を諮問機関に参加させる方式は有効ではなく、事実上の交渉の形態をとることが多い。

4－誤　旧行政手続法の対象は、申請に対する処分・不利益処分・行政指導・届出と限られていた。意見公募手続（パブリック・コメント）は 2006 年の改正行政手続法施行で実現したものである。

5－誤　県民会議・市民会議等の名称を持つ合議制の機関を設置する都道府県や市町村もある。住民自治が要請される地方政治の方が、国レベルよりも直接参加を進めやすい。

Q58 行政責任と行政統制

行政責任と行政統制に関する次の記述のうち、妥当なものはどれか。　　　（国家一般）

1　C. ギルバートは、統制主体が外在的か内在的か、統制が制度化されているかいないかによって、行政統制を四つに類型化した。このうち内在的制度的統制には、いわゆるプロフェッショナリズムがあり、わが国では、専門家集団である官房系統組織による管理統制がこれにあたる。

2　H. ファイナーは、責任とは、X が Y について Z に対して説明できる（X is accountable for Y to Z.）ということであると述べた。ここで、X は「代理人」である行政、Y は任務、Z は「本人」である。Z である本人は、第一義的には行政サービスを受ける利益団体であり、特に議会を意味してはいなかった。

3　C. フリードリッヒは、議会の意見にあいまいさがあったとしても、行政は自由裁量権を行使することができ、結果に関する合理的な説明をなし得るならば、責任を果たしたといえると論じた。ただし、その裁量は、民衆の感情に応答し、客観的に確立された科学的な基準に対応すべきであるとした。

4　行政責任のジレンマとは、制度的責任と非制度的責任とのどちらかを優先すべきか迷う行政担当官の状況を指している。しかし、官僚制の民主的統制は、非制度的責任では統制の効果を期待し得ないため、行政担当官は、制度的責任を優先するよう義務づけられている。

5　ガバナンス論は、外部監査やモニタリングを重視して、組織の長のリーダーシップを強化しようとする考え方である。例えば、内閣府と各省とに置かれている政務官に民間人を積極的に活用することにより、大臣や長官がリーダーシップを発揮することが期待されている。

PointCheck

◉行政責任のジレンマ状況 ‥‥‥‥‥‥‥‥‥‥‥‥‥‥‥‥‥‥‥‥‥‥‥‥‥‥‥【★★★】

　民主主義を前提とする体制では、通常、制度的外在的統制の機関が、少なくとも議会・執行機関・裁判所に分立している。制度的内在的統制もまた、2 つに分化している。すなわち、ライン系統組織による執行管理と官房系統組織による管理統制である。さらにこれらに加えて、非制度的統制が多く存在している。これらは総称して他律的責任と呼ばれる。

　担当の行政官は、多元的な機関・団体からのさまざまな統制・期待に直面することになる。普通、これらの統制・期待は相互に矛盾し対立するものである。このような場合に、担当の行政官は行動の理由をいずれの統制・期待に置くべきか迷うことがある。これを「行政責任のジレンマ状況」という。

　ジレンマ状況を克服するために最後の拠り所となるのは、行政官の信条体系や価値観である。これらは自律的責任と呼ばれるものであるが、ここでは自己の内面の良心に従って行動するという自律的責任が鍵となる。

問題でPointを理解する
Level 2 **Q58**

第1章

第2章

第3章

第4章

第5章

第6章

第7章

● **行政統制の類型**……………………………………………………………………【★★☆】

　行政統制は、行政活動を他律的に抑制する仕組みである。アメリカの行政学者C.E.ギルバートは、行政統制を2つの軸によって4つに類型化した。1つ目の軸は、行政の外在的統制（外部からの統制）か、行政の内在的統制（内部からの統制）かという軸である。2つ目の軸は、制度的統制（法律上の統制）か、非制度的統制（事実上の統制）かという軸である。

● **制度的外在的統制の問題点**…………………………………………………………【★★★】

　制度的外在的統制は、憲法体系の中で確立された統制方法であり、行政統制の基本である。しかし、そこにはさまざまな問題点がある。

⑴議会による統制の問題

　　今日のような行政国家においては、官僚が予算および法案の大部分の作成に携わっているため、行政部が自己統制を働かせているのが現状であり、議会による統制の範囲には制約がある。また、審議に際して、官僚の知識の提供・指導が不可欠になっているため、統制の意義が低下している。

⑵裁判所による統制の問題

　　①行政事件訴訟を提起するためには、弁護士費用などの負担が大きい。

　　②行政事件訴訟の手続きが非常にわかりにくい。

　　③行政行為が違法であっても、それが取り消されるまでは行政行為の効果があるので(公定力理論)、権利の救済が遅くなりがちである。

　　④行政事件訴訟法による救済は事後的救済が中心で、事前の手続的チェックが限定的である。

Level up Point！　ガバナンス論は、政治学や行政学の分野で近年興隆を見せている議論である。村松岐夫によると、その重要な特徴は外部監査を重視することにあり、言い換えると、代理人である行政を本人がモニタリングすることを重視するのである。

A58 正解－3

1－誤　ギルバートによると、内在的制度的統制とは、会計検査院・人事院その他の官房系統組織による管理統制、各省大臣による執行管理、上司による職務命令がこれにあたる。

2－誤　ファイナーによると、この場合のZは議会である。

3－正　行政国家の深化に伴って、行政責任も変化していることに注意する。

4－誤　フリードリッヒのいう行政責任のジレンマとは、さまざまな方面からくる、しかも相互に矛盾している統制・期待に対して、そのどれに対応すべきかということで迷うジレンマの状況を指す。

5－誤　ガバナンス論は、少なくともリーダーシップの強化と関係のある概念ではない（「ガバナンス論」の特徴については、上記「**Level up Point！**」を参照）。

Q59 行政責任

問 行政責任に関する次の記述のうち、妥当なものはどれか。 （国家一般）

1 行政国家化が進展した中で、議会が有効に行政を統制し得なくなった事態を観察した H. ファイナーは、政策知識を十分に持ち合わせていない一般市民に対する行政の直接的なアカウンタビリティを確保することが重要であると主張し、情報公開制度の導入を提唱した。

2 C. フリードリッヒは、行政責任をアカウンタビリティに限定するだけでは不十分と考え、客観的に確立された科学的な規準に対応する機能的責任の必要性を主張した。機能的責任を確保するためには、専門家集団として行政が自己規律を確立することが前提となることから、彼は科学的管理法を開発し、その導入を提唱した。

3 行政責任を制度的責任と非制度的責任とに区別した上で、後者に着目するようになった背景としては、行政国家化に伴って行政活動の領域が拡大し、行政活動の対象集団や利害関係者からの多様な要望や期待に行政が的確に応答することを求められるようになったことが指摘されている。

4 いわゆる行政責任のジレンマ状況は、行政に対する統制や期待が相互に矛盾し、対立しがちであることから生じる。近年のインターネット等による情報の氾濫は、こうしたジレンマ状況を深刻化させてきたという反省から、行政責任の範囲を伝統的な上級機関に対する制度的責任に限定するという考えが現在では主流となっている。

5 わが国の国家公務員については、上級機関の指令や上司の指示・命令に忠実に応答する受動的責任に基づく行為は必要とされるが、一方、自発的積極的に裁量するという能動的責任に基づく行為は、政治的判断を伴うため、国家公務員法で信用失墜行為として禁止されている。

PointCheck

●外部責任・・・【★★★】

行政統制との対応関係での行政責任を三権分立の見地からとらえると、次のようになる。

(1)内閣に対する責任

議院内閣制の執政機関は内閣・内閣総理大臣・各省大臣であり、自治体では首長が担当する。この執政機関の指示・命令に応答し任務を遂行する責任、問責に答える責任を指す。

(2)議会に対する責任

代議制の下では、議会は国民もしくは国民代表（住民代表）が構成する。その議会は国民や住民に代わって立法権、財政権、行政監督権を行使する。この国民代表である議会の課した任務に答えるという責任を指す。

(3)裁判所に対する責任

裁判所は、行政作用が法律に基づいて行われているか否かについて、提起された訴訟に

よって、行政の外部から有権的判断を下すことを担っている。行政はこの裁判所の有権的判断（判決）に従ってそれに答え、自らの行為を規律する責任を負う。

⑷国民に対する責任

政府の活動は国民の信託に基づいて行われているため、国民に対する基本的な責任として、その信託に答えていくことが求められる。選挙や世論調査、陳情・請願、マスコミの批判などを通じて作り出される世論・民意を十分生かした行政を行うことで全うされる責任を指す。さらに、こうした任務の遂行責任だけではなく、行政官・公務員はさらに行政過程において発生した国民からの疑問、不満に対して弁明する責任を負い、制裁に服する責任も負う。

◉内部責任 ………………………………………………【★★★】

現在の行政においては、委任立法が増大するとともに、行政権に委任される裁量領域が飛躍的に拡大している。それに伴い、行政官の裁量行為によって実質的に立法解釈が行われているために、制度的な行政責任としての外部責任だけでなく、行政部の内部責任を問うことが求められる。これは法的責任と裁量的責任に分けることができる。

⑴法的責任

法律や政令、条例などによって課される職務について、法の趣旨に沿って任務を全うする責任を指す。法的責任は、行政部内部の階統制からなる上下関係が、具体的な執行過程において命令・服従という権限と責任を体系化することによって確保される。それは検査、監査、監督、指導という行為によって実現されるのである。

⑵裁量的責任

行政国家の深化に伴い、現代の行政はもはや単なる法の執行者にはとどまらなくなっている。すなわち、行政は価値を作り出す活動をしているとみなすことができる。それゆえ、行政内容がその担い手である行政官の価値判断に由来するというケースも多い。この行政官の裁量について責任を明確にしようとするのが、裁量的責任の問題である。

 Level up Point! 行政国家化が進展、公務員の裁量範囲の拡大にともない、外部からの統制だけでは不十分であり、公務員の一人ひとりの責任のあり方を問題にすべきだとする指摘が高まりをみせている。

A59 正解—3

1－誤 ファイナーが提示した、「XはYの事項について、Zに対して説明・弁明し得る」という場合のZは、議会を指す。説明・弁明の相手方は議会である。
2－誤 フリードリッヒは、科学的管理法の導入を提唱してはいない。
3－正 制度的責任と非制度的責任の区別をしっかりおさえておきたい。
4－誤 行政責任のジレンマ状況とは、さまざまな方面からくる相互に矛盾する統制・期待に対して、そのどれに対応すべきか迷う状況を指す。
5－誤 わが国の国家公務員法では、能動的責任（≒裁量的な責任）が信用失墜行為につながるとして禁止されてはいない。

Q60 わが国における行政情報の流れ

問 わが国における行政と国民との間の情報の流れに関する次の記述のうち、妥当なものはどれか。
(国家総合類題)

1 行政手続法に基づいて導入された国民意見照会制度は、行政庁が行政処分をする際に、事前に処分の原案を公開し、広く国民からの意見を聴いた上で、行政処分を行うという行政手続きである。この手続きは、行政処分が名宛人だけでなく広く国民に影響することもあるため、国民主権の観点から導入された。

2 行政職員が、行政組織内の不正を広く国民に知らせるべく内部告発を行うことは、公益の観点から望ましい場合があるため、国家公務員法が改正され、公益通報者保護制度が実施されている。この制度では、任命権者は、不当な理由のある内部告発を行った職員について、人事異動や昇進に関して不利益な取り扱いをしてはならないとされている。

3 いわゆる BSE 問題を一つの契機として総務省に設置された食品安全委員会は、食品の安全性に関する情報提供を中立的に担う行政組織である。規制などを担当する行政組織は安全性に関する情報提供を行わず、独立した別個の組織である同委員会がこれを客観的かつ中立公正に実施することとされた。

4 行政が行う報道機関を通じた広報は、いわゆる記者クラブを通じて行うこととされ、記者クラブを通さない広報は行われていない。これは、行政が特定の報道機関にのみ差別的に情報をリークすることによって、報道機関を誘導することを防止することが目的の一つである。しかし、このような記者クラブ制度への批判も存在する。

5 現在では、インターネットを通じて、行政から国民へ情報が流れるようになってきている。国民の各府省情報への一元的アクセスを可能とするために、国は「電子政府の総合窓口」を設けた。ここでは、各府省などのホームページの掲載情報、各種報告書の所在と入手方法などが検索できる。

PointCheck

●行政手続 ･･【★★☆】

行政手続には、行政立法手続、行政処分手続、行政強制手続、行政不服審査手続など各種のものがある。これらは事前手続と事後手続に分けられる。

アメリカでは、国民の意見を行政（特に計画などの政策形成過程）に反映させ、民主的統制の確保を図り、国民の参加の意欲を充足させる目的で、行政手続法が早くから制定されていた。日本では長い間、憲法第 31 条以下の規定が行政手続に適用されてきていたが、統一的な行政手続法の制定を求める声も強く、1993 年に至り、行政手続法が制定された。

●行政手続法の目的 ･･【★★☆】

この法律の目的は、行政運営上の公正の確保と透明性の向上を図ることである。

①行政機関に対する申請の手続きに、透明性と迅速性を確保させる。

②不利益処分（例：営業停止処分）に際し、公正で透明な手続きを確保させる。

③行政指導を法律上明確に位置づけ、その透明性を確保する。

　2005 年には、行政手続法の一部改正が行われ、行政運営の一層の透明性を確保するために、意見公募手続（パブリック・コメント）制が導入された。

◉パブリック・コメント……………………………………………………………【★★★】

　パブリック・コメント制は、行政運営における透明性を確保することを目的とする。地方自治体レベルでは、2001 年 9 月に横須賀市において導入された。国レベルでは、2005 年の行政手続法の改正によって、意見公募手続（パブリック・コメント）制が導入された。意思決定を行う際、行政機関などの意思決定過程で国民に素案を公表し、それに対して国民が出した意見・情報を考慮する制度である。各省庁は、規制を伴う政令・省令を策定する時に、国民の意見の照会を行うことが求められる。

◉食品安全委員会………………………………………………………………………【★☆☆】

　食品安全基本法に基づき、2003 年 7 月に内閣府に創設された。委員は 7 人（3 人は非常勤）で、内閣総理大臣が両議院の同意を得て任命（任期 3 年）する。公募を含む約 200 人の専門委員（化学や医療、食品など）が専門調査会を構成する。

　▼所掌事務

　　①首相に対する食品安全政策の基本方針の提言

　　②食品の健康への悪影響（リスク）の評価、発表

　　③関係各省庁の大臣（農水大臣、厚労大臣）への勧告、発表

　　④対策の実施状況の監督と関係各大臣への勧告

　　⑤関係各行政組織の長への意見・具申

Level up Point！　パブリック・コメント制、インターネット上の電子政府の総合窓口の設置など、行政活動の透明化にむけた施策が日々進行しているが、今現在、具体的にどのようなものがあるのか最新の情報を把握することが重要。

A60　正解－5

1－誤　「パブリック・コメント」制度については、上記 **PointCheck** 参照。

2－誤　公益通報者の保護を図るのは、公益通報者保護法（2006 年 4 月 1 日施行）である。

3－誤　食品安全委員会は内閣府に設置された。その職務は、食品の安全性に関する情報提供にとどまるものではない。

4－誤　記者クラブを通さない広報は行われない、ということはない。

5－正　「電子政府の総合窓口」（https://www.e-gov.go.jp）で、総合的な検索・案内サービスが提供されている。

第7章 地方自治

1 地方自治

Level 1 ▷ **Q61〜Q63**　Level 2 ▷ **Q70**

(1)地方自治の意味 ▶p140

地方自治とは、地方のことは国から独立した地方が独自に決定することを意味し、その内容（地方自治の本旨）は、団体自治と住民自治で表される。

　①団体自治：国から独立した地方が政治を行うことを指す（大陸流の考え方）
　　・地方公共団体は国の下部機構とされ、中央の指揮・命令系統に組み込まれる
　　・国の出先機関として活用する→集権型
　　・事務権限も国から地方へと包括的に与える→概括授権方式（概括例示方式）
　②住民自治：地方のことはその住民の意思に基づいて行うことを指す（英米流の考え方）
　　・地方公共団体に権限・財政上、一定の自律性がある→分権型
　　・地方公共団体の事務権限も明確に個別に列挙されて授権される→制限列挙方式

(2)地方自治の内容 ▶p136 ▶p138

団体自治	住民自治
ヨーロッパ大陸型	英米型
集権型	分権型
概括授権（例示）方式	制限列挙方式

(3)地方自治の2類型の比較表

比較項目	ヨーロッパ大陸型 （集権型・融合型）	アングロ・サクソン型 （分権型・分離型）
地方下部機構	整備	簡素
警察	国家警察	市町村の所管
授権法	概括授権（例示）方式	制限列挙方式
行政サービス	融合	分離
内政総括官庁	あり	なし
地方自治権の量と質	量→多・質→低	量→少・質→高

2 わが国の地方自治の歴史

Level 1 ▷ **Q63,Q67**　Level 2 ▷ **Q69**

地方自治に関する考え方は、戦後になって導入された。戦前の地方制度は、1888（明治21）年市制・町村制の制定、1890（明治23）年の府県制・郡制をもって完成したが、中央集権的色彩の強いものであった。

(1) 明治憲法時代の地方制度の特徴 ▶p152

　① 1889（明治22）年に発布された明治憲法には、地方自治に関する規定はなかった。
　②市町村の自治は強化されたが、府県は官治団体としての性格が強められた（府県の知事は内務省任命の官選知事）。

③プロイセンの地方制度を参考にしたため、集権・融合型の特徴を示す。

(2)戦後の地方自治制度 ▶p142 ▶p148

・日本国憲法で地方自治を保障（日本国憲法第8章）。

・地方自治法、地方財政法を制定。

・住民に直接請求権を認める（条例制定・改廃請求、事務の監査請求、議会解散請求など）。
　　→アメリカをモデルとした英米型の制度を整備。

(3)地方公共団体の種類 ▶p151

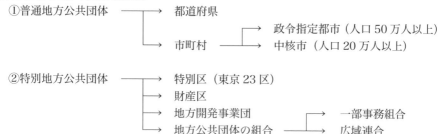

3 地方公共団体の事務の新たな考え方　Level 1 ▷ **Q64,Q65**　Level 2 ▷ **Q68**

▶p144

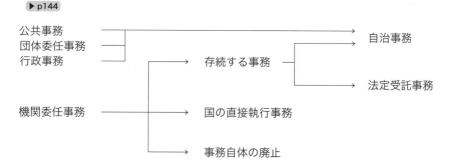

4 地方公共団体の財政　Level 1 ▷ **Q66,Q67**

▶p146

地方公共団体が行政を行っていくための財源は、大きく自主財源と依存財源とに分けられる。

第1章
第2章
第3章
第4章
第5章
第6章
第7章

Q61 地方自治の類型

問 次のA〜Dのうち、アングロ・サクソン型の地方自治とヨーロッパ大陸型の地方自治に関する記述として、妥当なものの組合せはどれか。 （地方上級）

A アングロ・サクソン型の地方自治は、中央地方関係において、ヨーロッパ大陸型の地方自治と比較して相対的に地方自治体に権限が多く集まっており、分権型の地方自治である。

B アングロ・サクソン型の地方自治では、地方自治体における代表制として二元代表制が採用され、二元代表制の例としてカウンシル制がある。

C ヨーロッパ大陸型の地方自治は、中央政府又は地方自治体のいずれか一方に、一つの事務についての権限を与える分離型の地方自治である。

D 地方自治体が行使しうる権限の授権方式について、アングロ・サクソン型の地方自治では制限列挙方式がとられ、ヨーロッパ大陸型の地方自治では概括例示方式がとられる。

1 A、B **2** A、C **3** A、D **4** B、C **5** C、D

PointCheck

◉**地方自治の類型**‥‥‥‥‥‥‥‥‥‥‥‥‥‥‥‥‥‥‥‥‥‥‥‥‥‥‥‥‥‥‥【★★★】

⑴アングロ・サクソン型

　イギリスに始まり、イギリス連邦諸国およびアメリカに伝播していったもので、分権型・分離型をその特徴とする地方自治である。歴史的には、国家が、国民国家の成立以前から存在していた地域共同体の自治を、国民国家の中で存続することを許し、その自治権を承認したことにより作り出された地方自治の形である。

⑵ヨーロッパ大陸型

　フランスに始まり、ヨーロッパ大陸諸国・ラテンアメリカに伝播していったもので、集権型・融合型をその特徴とする地方自治である。歴史的には、国民国家の成立以前から存在していた地域共同体の自治を、国民国家が集権化を図る中で解体させ、国家が国民を直接的に支配することを目指して新たに作り出した地方自治の形である。

◉**アングロ・サクソン型の特徴1（分権型）**‥‥‥‥‥‥‥‥‥‥‥‥‥‥‥‥‥【★★★】

　伝統的に国王と諸侯の対立が少なく、中央による地方支配が強化されなかったため、地方自治は分権的に成立した。この分権的な自治は、①単純な形態の自治機構で、②警察活動が自治体の所管事項となるという特徴があるとされる。厳格な地方支配の必要がないため、既存の自治主体に自律的決定や治安維持権限までも与えたのである。

第1章

第2章

第3章

第4章

第5章

第6章

第7章

●**アングロ・サクソン型の特徴2（分離型）**‥‥‥‥‥‥‥‥‥‥‥‥‥‥【★★★】

　国と自治体の間で単純な分権が早くから成立したことで、事務権限の授権が明確になされ、国と自治体の事務配分は分離的となった。この分離的な自治には、次の特徴がみられる。

⑴**制限列挙方式**

　　自治体が実施できる事務や行使できる権限が、個別に明確に列挙される。

⑵**個別の自治体行政への国の関与は少ない（立法的統制と司法的統制のみ）**

　　自治体の事務・権限は法に明示され、越権部分について訴訟が行われる。

⑶**国・自治体の行政サービスが分離**

　　国は自らの事務を実施する地方出先機関を設け、地方の機関と並存することになる。

⑷**内政の統括官庁がない**

　　国・自治体が各々の事務を遂行し、総合的に権限・責任配分を調整する必要がない。

●**アメリカの地方制度** 　理解を深める ‥‥‥‥‥‥‥‥‥‥‥‥‥‥‥‥‥【★☆☆】

　アメリカの連邦憲法には、地方制度に関する規定がない。法律上、地方の政府は州が作り出したものという形がとられている。地方政府には憲章（チャーター）を持つ地方政府と、持たない2つの型がある。前者は後者に比べて、課税権などの面でより強い自治権を保有する。

●**中央地方関係の二類型** 　理解を深める ‥‥‥‥‥‥‥‥‥‥‥‥‥‥‥【★☆☆】

　1つの国家の政府体系は、中央政府と地方政府から構成されているが、その関係には単一主権国家と連邦制国家の2類型がある。この政府体系において中央集権と地方分権の問題として論じられるのは、中央政府がどの程度までの権限・財源を留保し、どの程度までこれを地方政府に委譲するかである。

A61 　正解—3

A—正　ヨーロッパ大陸型は、共同体の自治を解体し国家の中央集権支配のため新たに作り出したもので、集権型・融合型。アングロ・サクソン型は、国王と諸侯が対立せず国家の中で地方自治が承認されたので、分権型・分離型。

B—誤　「二元代表制」は、自治体の首長と地方議会議員をともに住民が直接選挙で選ぶ制度で、日本でも同じである。「カウンシル制」は、地方議会が執行権も有するもので（一元代表）、二元代表制とは異なる。また、一般的にアングロ・サクソン型の特徴とされるものでもない。

C—誤　ヨーロッパ大陸型の中央集権体制では、地方自治体と国の事務配分が不明確な融合型とされ、事務権限があいまいな概括授権（例示）方式となる。

D—正　アングロ・サクソン型では、事務配分が明確に分離し、地方自治体の権限は制限列挙方式となる。

Q62 各国の地方自治制度

1 アメリカでは、自治体の創設は、いわゆる「住民自治」の精神に基づき、住民の発意によって行われることが多い。このため、大都市の裕福な市民が郊外に移転し、新しい都市を創設するようになると、低所得者層が残る大都市が財政危機に瀕したり、総合的な都市政策が実施できなくなったりといった問題が起こるようになった。

2 イギリスでは、統一国家を形成する過程における中央と地方の対立・抗争が比較的厳しくなかったため、古くから市町村レベルについて形成された共同体の自治はそのまま認められた。しかし、警察だけは、フランスの影響を受けて中央集権化され、全国1つのピラミッド型組織に改められた。

3 第二次世界大戦後成立したドイツ連邦共和国では、州は連邦基本法に規定されていない部分に関して、広範な自治権を行使できることになった。しかし、ビスマルク時代からの中央集権の伝統から、教育や警察に関しては連邦内務省の強力な統制下に置かれている。

4 フランスでは、絶対王政から第4共和政まで、県の所掌事務の大半は国の事務の執行であり、中央政府が県知事を任命していた。しかし、第5共和政の初代大統領となったド・ゴールは、大統領の権限を整理・縮小するため、国の事務を、最大限、県の自治に委ねた。また、それを機会に県知事も公選制に改められた。

5 日本では、第二次世界大戦後、市町村合併が進められた。しかし、その結果においても、市町村の平均規模は欧米諸国の基礎的自治体と比べれば小さい部類に属している。

PointCheck

●ヨーロッパ大陸型の特徴1（集権型） ･････････････････････････････【★★★】

フランスでは国王と諸侯が激しく対立し、国家統一の過程で諸侯の領地を解体し、新たな行政区域を設け、強力な地方下部機構を置く必要があった。これにより、中央による地方支配は強く、集権的に成立した。このような集権型の地方自治には、次のような特徴がある。
①地方の自治組織ではなく国の地方下部機構として、官選知事による府県制が整備された。
②地方支配が強く、必要最小限の自治権だけを容認し、警察活動についての権限は国に留保された。

●ヨーロッパ大陸型の特徴2（融合型） ･････････････････････････････【★★★】

中央集権体制では、地方自治体は中央政府の下部機構なので、自治体の権限は法定された自治体固有のもののみでなく、国から指示された事務にまで広範囲に及ぶ。したがって、国と自治体間や自治体同士の事務配分が不明確という意味で融合的である。このような融合型の地方自治の特徴は次のとおりである。

(1)概括授権（例示）方式

自治体と国の事務・権限とが、明確に区別・分離されずにあいまいである。

⑵自治体に対して中央政府が統制・監督

　自治体は委任事務を執行し、国の行政的統制を受ける。

⑶国と自治体の行政サービスが融合

　国の出先機関は必要なく、自治体が国に委任された事務と固有の事務を所管する。

⑷内政の総括官庁が存在

　内政を総合的に統括・調整するため、官庁から派遣された官選知事が自治体を統制する。

●ヨーロッパ大陸型の変化……………………………………………………………【★★★】

　現在のヨーロッパ各国は、分権・分離型の長所を取り入れ、独自の地方自治制度を形成しており、アングロ・サクソン型と大陸型とが折衷された形になってきている。

　フランス：ミッテラン大統領の時の地方分権化法により国から地方への権限委譲が進められ、官選知事は廃止された。また、2003年の憲法改正で州は県・市町村同様の憲法上の自治体とされた。

　ドイツ：戦後、連邦制を採用し、連邦州はそれぞれ立法権・司法権・行政権を有している。また、州の下に置かれる郡には、警察・消防・教育・福祉などの権限が与えられ、分権的な地方自治制度となっている。

　日本：明治憲法下の大陸型地方自治から、戦後、アングロ・サクソン型へ移行した。

▼地方自治の二類型の比較表

比較項目	ヨーロッパ大陸型 （集権型・融合型）	アングロ・サクソン型 （分権型・分離型）
国家の地方下部機構	整備	簡素
警察	国家警察	市町村の所管事項
授権法	概括授権（例示）方式	制限列挙法
行政統制	行政的統制	立法的統制・司法的統制
行政サービス	融合	分離
内政総括官庁	あり	なし

A62 正解ー1

1ー正　いわゆるドーナツ現象の1つである。

2ー誤　イギリスの警察組織は分権的で、自治体に所管されている。

3ー誤　ドイツの教育や警察は分権的で、基礎的な自治体が教育を、広域の自治体が警察を所管している。

4ー誤　現在、地方分権改革が行われているが、ド・ゴール大統領の時期にはまだ知事は政府任命で、集権的な仕組みであった。

5ー誤　日本の自治体は、戦後の市町村合併の結果、欧米諸国に比して大きな規模になっている。

Q63 日本の地方自治

問 地方自治に関する次の記述のうち、妥当なものはどれか。　　　　（地方上級類題）

1　団体自治では地方公共団体に権限・財政上、一定の自律性があり、地方公共団体の事務権限は一つひとつ明確に個別に列挙されて授権される制限列挙方式がとられる。

2　わが国の地方自治の起源は、明治11年の郡区町村編成法、府県会規則、地方税規則のいわゆる三新法にあるが、これはアングロ・サクソン型の地方自治をモデルとしたものである。

3　現在、地方公共団体の事務権限は制限列挙方式がとられており、戦前の中央集権的な事務処理体系は制度上完全に払拭された。

4　戦後は条例制定・改廃請求、事務監査請求、議会解散請求など、住民の直接請求権がとりいれられたが、これはフランスやプロイセンをモデルとしたものである。

5　中央集権の行政システムでは、行政権が中央に集中するので、地方政府よりも中央政府に対する国民の統制が必要になるが、その必要性の増大とは裏腹に、権力者と国民の距離は拡大し、国民の統制が困難になる傾向がある。

PointCheck

◉地方分権の2側面 ·· 【★★☆】

(1)権力分立の側面

連邦制国家は、これを徹底させて国家を構成している。そこでは、中央政府は各地域に高度な自治権を認め、干渉しない。これは、地方分権の消極的機能である。

(2)権力行使の側面

各地域の住民は、自ら政治問題を処理することが認められている。これは、地方分権の積極的機能である。

◉「地方自治の本旨」の内容 ······································· 【★★☆】

「地方公共団体の組織及び運営に関する事項は、地方自治の本旨に基いて、法律でこれを定める」（憲法第92条）

「地方自治の本旨」は、「団体自治」と「住民自治」の2つの要素から構成される。

(1)団体自治

「地方公共団体は、その財産を管理し、事務を処理し、及び行政を執行する権能を有し、法律の範囲内で条例を制定することができる」（憲法第94条）とあるように、地方自治体（地方公共団体）が中央政府から独立して、団体自らの意思と責任によって自己決定を行うという自由主義的要素である。

(2)住民自治

「地方公共団体の長、その議会の議員及び法律の定めるその他の吏員は、その地方公共

団体の住民が、直接これを選挙する」（憲法第93条2項）とあるように、地方自治体（地方公共団体）が、住民自らの意思と責任によって自己決定を行うという民主主義的要素である。

◉**住民参加**‥‥‥‥‥‥‥‥‥‥‥‥‥‥‥‥‥‥‥‥‥‥‥‥‥‥‥‥‥‥‥‥‥‥‥‥‥‥【★★★】

地方自治では、住民が直接政治に参加できる直接民主主義的制度（直接請求制度）が導入されている。その例を次に挙げる。

⑴イニシアティブ制度

立法に関して国または地方の一般住民が提案を行うことを意味する。「住民発案」もしくは「直接発案」と訳される。条例の制定・改廃請求がこれにあたる。

⑵リコール制度

住民が国または公職にある者に対し、その解職を求めることができる制度である。首長・議員の解職、議会の解散がこれにあたる。

⑶レファレンダム（住民投票）制度

国または地方自治体の発議した提案に対して、国民または住民が直接投票を行って、その可否を決定することである。特別法の住民投票（憲法第95条）がこれにあたる。

▼地方自治法に規定される直接請求制度

請求の種類	請求先	必要署名数	請求の効果
条例制定・改廃	首長	50分の1以上	議会審議→結果公表
首長・議員解職	選挙管理委員会	3分の1以上	住民投票→過半数賛成で解職
議会解散	選挙管理委員会	3分の1以上	住民投票→過半数賛成で解散
事務監査	監査委員	50分の1以上	監査→結果公表

※必要署名数は、有権者に占める割合。

A63 正解ー5

1－誤　団体自治では、地方公共団体は国の下部機構とされ、その事務権限は国から地方へと包括的に与える概括授権方式がとられる。

2－誤　わが国の地方自治の起源は三新法にあるが、これはフランスやプロイセンをモデルとしたものである。

3－誤　現在でも地方公共団体の事務権限は戦前と同じ大陸型の概括授権方式がとられており、戦前の中央集権的な事務処理体系は形を変えて残っている。

4－誤　戦後取り入れられた直接請求権は、アメリカをモデルとしたものである。

5－正　地方分権を推進すべき根拠である。

Q64 地方分権改革

問 地方分権に関する次の記述のうち、妥当なのはどれか。 （国家一般）

1 地方分権を推進する観点から、平成11（1999）年に地方分権一括法が制定された。この法律により、従来、自治体が国と対等な立場で法令によって国から事務を請け負っていた機関委任事務が、自治体が責任を持って主体的に処理すべき自治事務と、国の事務の一部を知事や市町村長などに委任し、その執行を国が監督する法定受託事務とに振り分けられた。

2 人口50万人以上の市のうち、政令で指定されたものについては、政令指定都市として、大都市行政にかかる一定の事務と権限を府県・知事等から市・市長等へ法令に基づいて移行させることができるほか、地方譲与税が上積みされる等、税源移譲により財源面において一定の増額がある。

3 地方公共団体には自らの事務を遂行するために条例制定権が認められており、現在も多くの条例が定められているが、地方分権を推進する観点から、地方自治法上、自治体の事務について国から承認を得た場合には、法律に抵触する条例を制定することも可能とされている。

4 地方公共団体の標準的なサービスを保障するとともに、自治体間の財源のアンバランスを是正するため、国は、国税収入の一定額を地方交付税として交付しており、社会保障分野に限っては、全国どこでも最低限の社会保障サービスが提供されるよう、交付金額の3割を社会保障分野に使用することを義務付けている。

5 地方分権一括法の制定により、国で行っていた様々な事務が自治体の権限で行えるようになったが、農業施策に関しては、食糧自給率等の国としての方針を実現するため、土地面積にかかわらず、農地転用には国の許可が必要となっている。

PointCheck

◉戦後の地方自治の流れ･･･**【★☆☆】**

1949年	シャウプ使節団による市町村優先の原則
1952年	府県警察の創設（市町村警察廃止）
1953〜56年	市町村合併の進展
1956年	市町村教育委員の直接公選制廃止、政令指定都市制度
	改正地方自治法により、府県と市町村の上下関係が明確に
1960年	自治省の創設（自治庁＋国家消防本部）
1983年	地方行革大綱制定

◉**地方分権へ向けた政府の動き**……………………………………………………【★★☆】

　戦後の地方制度改革では、地方事務官や機関委任事務などの集権的制度が残されていた。1980年代に始まった行政改革の流れは、1990年代に入り政治改革・変動に合流し、平成の地方制度改革へとつながっていった。

▼地方制度改革の流れ

1993年6月（宮沢内閣）	衆参両院・超党派で地方分権推進の国会決議
〃 10月（細川内閣）	第三次行革審が細川首相に最終答申を提出 （地方分権大綱、推進法の制定を答申）
1995年2月（村山内閣）	政治改革推進協議会の「地方分権基本法案」公表
〃 7月	地方分権推進法施行、地方分権推進委員会発足
1996〜99年	地方分権推進委員会による中間報告・勧告
1998年5月（橋本内閣）	政府、地方分権推進計画を閣議決定
1999年7月（小渕内閣）	地方分権一括法成立
2001年7月（小泉内閣）	地方分権改革推進会議を内閣府に設置
2002年6月	「三位一体の改革」基本方針の閣議決定
2007年4月（第1次安倍内閣）	地方分権改革推進法施行（3年の時限法）
2013年3月（第2次安倍内閣）	地方分権改革推進本部設置

◉**地方分権一括法**…………………………………………………………………【★★★】

　この法律により、地方自治法をはじめとする475本の法律の改正が一括して行われた（1999年7月成立、2000年4月改正地方自治法施行）。機関委任事務の廃止等を中核とし、冒頭部分（1条の2）に地方公共団体と国の配慮に関する総則的規定を置いている。

A64 　正解—2

1 −誤　国が指揮監督権を有する機関委任事務は、自治事務、国の関与は認められるが指揮監督は受けない法定受託事務、国の執行、廃止の4つに分けられた。

2 −正　政令の定めにより都道府県の事務を処理でき、財源の一部が移譲される。

3 −誤　地方公共団体は法律の範囲内で条例を制定することができる（憲法94条）。

4 −誤　地方交付税交付金の使途は限定されない。これに対して、国が地方自治体に負担する国庫支出金の使途は特定されている。

5 −誤　農地を農地以外のものに転用、または転用するため権利移転等を行う場合には、原則として都道府県知事または指定市町村の長の許可が必要である。以前は一定面積以上の転用は農水大臣の許可とされていた。

Q65 地方自治と事務

1 従来行われていた機関委任事務は、地方公共団体に委任されると地方公共団体の事務として扱われ自治権の拡大にもなる。
2 地方議会の調査権が及ぶのは、自治事務に限られ、法定受託事務の場合は原則として制約されている。
3 いわゆる「行政事務」とは、地方公共団体が行う事務で、地方公共団体本来の事務とはされなかったものである。
4 団体委任事務は委任された後も、その執行にあたっては国の指揮監督を受け、これが地方自治の自主性を侵害するとして批判されていた。
5 知事や市町村長が機関委任事務を執行すべき期間にこれを執行しないときは、主務大臣は職務執行命令を出し、これに従わない場合には、その長を罷免できる。

PointCheck

◉機関委任事務 ··【★★☆】

地方自治体がかつて執行することになっていた事務の1つ（地方自治法の改正に伴い廃止）。法律またはこれに基づく政令に従って、国または他の地方自治体等から地方自治体の長その他の機関に対して委任されていた事務である。以前から同事務は地方自治体の自主性を阻害するものであるという批判が強く、全廃された。それは新たに自治事務および法定受託事務となった。

◉法定受託事務 ··【★★★】

利便性や事務処理の効率性を考慮して、法律やこれに基づく政令により、地方自治体が執行することになっている事務の中で、本来、国・都道府県が果たさなければならない役割に関係する事務で、国が、その適正な処理を特に確保する上で、必要であると定めた事務。
法定受託事務に関しては、第一号と第二号の2種類がある。第一号は、国が果たすべき役割に関係するものであり、第二号とは、市町村において、本来、都道府県が果たす必要がある役割に関する事務を指す。

◉**自治事務・固有事務**……………………………………………………………………【★☆☆】

　自治事務は、憲法により保障される普通地方公共団体の自治権に基づく。自らの機能として処理することが可能であり、また処理することが求められる地方自治体の事務である。現行の地方自治法では、地方公共団体が処理する事務で、法定受託事務以外の事務を指す。国・都道府県の関与は、助言・勧告、資料の提出要求、是正の要求とされる（同意、許可・認可・承認、指示は、地方自治法に定める場合に限る）。平成11年改正以前の地方自治法では、自治事務は、公共事務、団体委任事務、行政事務の3種類に分類されていた。

(1)公共事務

　「固有事務」と呼ばれるもの。地方自治体本来の事務という意味である。住民の福祉増進のための各種施設の設置・管理、各種事業の管理・実施や、条例制定、選挙事務等の事務を指し、権力行使を伴わないものとされていた。

(2)団体委任事務

　法律または政令に基づいて、国または他の地方自治体の事務で地方公共団体が任されたもの。委任された以上は当該自治体の事務とし、その自治体が執行するとされていた。

(3)行政事務

　住民の権利、自由を規制するものであり、公権力の行使を伴い、条例で定める必要があるものを指した。

　なお、機関委任事務の廃止に伴い、以上のような事務区分はなくなり、自治事務と法定受託事務に再編制された。

A65 正解―3

1―誤　本肢は従来の団体委任事務についての説明である。
2―誤　かつては本肢の記述のとおりであったが、法定受託事務に関して議会の権限は原則として及ぶようになった（地方自治法第100条）。
3―正　「行政事務」は警察行政のように強制力をともなう権力的事務をいい、地方公共団体本来の事務とは考えられていなかった。ただし、地方自治法改正により、「行政事務」を権力行政を指す意味で用いることはなくなった。
4―誤　委任された後も国の指揮監督を受けるのは、機関委任事務である。
5―誤　本肢は職務執行命令、マンディマス・プロシーディングについての説明の概要であるが、平成3年の地方自治法の改正で長の罷免制度は廃止された。

Q66 地方自治と財政

問 地方自治に関する次の記述のうち、妥当なものはどれか。 （国家一般類題）

1 地方公共団体は地方債を発行して借り入れを行うことができるが、これは自主財源に含まれる。

2 地方税は、地方公共団体が自主的な課税権に基づいて住民に課すものであるが、これは特定財源とされる。

3 地方交付税は、地方公共団体間の財政力の不均衡を是正するために、国から地方公共団体に必要に応じて交付される特定財源である。

4 国の歳入と都道府県、市町村を合わせた全地方公共団体の歳入の割合は、おおむね4対6となっている。

5 地方交付税は、国税である所得税、法人税、酒税、消費税、地方法人税の一定割合を地方自治体に配分するものである。

PointCheck

●地方自治と財政···【★★☆】

(1)地方財政の現状

　地方分権を成功させるためには、自治体の財政保障が不可欠である。しかし、従来から自治体の財政は「三割自治」と呼ばれ、自主財源である地方税が歳入の3割から4割程度で、残りの財源を地方交付税交付金や国庫支出金、地方債に依存しているとの指摘があった。近年、依存財源の割合は減少しているが、自治体の活動の大半は国庫保障なくしては成り立たず、地方行政が国の政策により大きな影響を受ける状況にあることに変わりはない。

(2)三位一体の改革

　地方が自らの支出を自らの権限・責任・財源でまかなう割合を増やし、地方自治が財源による制約を受けている現状を変えることを目的に、国と地方の財源配分を見直す改革案である。2002年6月に小泉内閣の「骨太の方針」として決定された。「三位」の意味は、国庫補助金の削減、財源の移譲、交付税総額の縮小を同時に行うことにある。

●地方自治体の主たる財源··【★★☆】

(1)一般財源

　地方自治体の裁量によって使用できる財源のこと。一般財源は、地方税、地方交付税、地方譲与税などから構成される。

①地方税

　　地方自治体が課税の主体となっているもの。地方税を課税する権限は、都道府県、市町村といった普通地方公共団体に与えられている。使途が限定されてない住民税や事業税などの普通税と、使途が限定されている目的税（都市計画税、入湯税等）とがある。

②地方交付税

　国税の一定割合を割いて、一般財源が不足する地方自治体に配分されるもの。地方交付税の総額は、2018 年度現在、所得税・法人税の 33.1％、酒税の 50％、消費税の 22.3％、地方法人税の 100％である。この総額の 94％が普通地方交付税で、6％が特別地方交付税として配分される。地方交付税を交付するに際して、国は地方自治体にその使途を限定することはできないとされる。

③地方譲与税

　国が地方自治体に代わって国税として徴収し、そのまま地方に譲与される地方税のこと。地方揮発油譲与税、石油ガス譲与税、自動車重量譲与税、航空機燃料譲与税、特別とん譲与税、地方法人特別譲与税がある。

⑵**特定財源**

　使途が特定されている財源のこと。国庫支出金や地方債、使用料・手数料などがある。

①国庫支出金

　国が地方自治体に対して交付する中で、使途を特定した支出金の総称。国庫負担金、国庫補助金、国庫委託金などがある。

　国庫負担金：地方公共団体が行う事務について国が共同で責任を持つ事務に関して経費の一定割合を義務的に負担する給付のこと。

　国庫補助金：特定の施策の奨励または財政援助のための給付金のこと。

　国庫委託金：本来国が行う必要がある事務を自治体に処理させる際の経費として給付されるもの。

②地方債

　財政収入の不足を補うため、もしくは交通事業をはじめとする公営企業、災害復旧、学校その他の文教施設、厚生施設などのために行う借入金のうち、1 会計年度を超えて返済される長期借入金のこと。地方分権一括法により、2006 年度から地方債の発行に関しては、従来の許可制から、総務大臣および知事の「同意」を得る事前協議制となった。

A 66 正解―5

1 －誤　地方債は地方公共団体の借金であり、依存財源にあたる。

2 －誤　地方税は使途が限定されておらず、地方公共団体が自由に使える一般財源である。

3 －誤　地方交付税も一般財源である。

4 －誤　国と地方の歳入の比率は約 3 対 2 に、歳出は約 2 対 3 となっている。

5 －正　地方交付税には所得税・法人税の 33.1％、酒税の 50％、消費税の 22.3％、地方法人税の 100％が当てられ、これが地方に配分される。地方法人税も国に支払う国税である。

Q67 地方制度の変遷

問 わが国の地方制度に関する次の記述のうち、妥当なものはどれか。 （地方上級）

1 戦前の地方制度は、1888年に府県制・郡制が公布され、1890年に市制・町村制が公布された。
2 1949年から1950年に行われたシャウプ勧告により、国税・地方税に改革が行われ、戦後日本の税制の基礎ができた。
3 ジェームス・ブライスが1923年に来日し、日本の地方制度の基礎をつくった。
4 地方交付税交付金は、国が使途を定めて国庫から地方公共団体へ支出する資金である。
5 国庫支出金は、国税である所得税、法人税、酒税の収入額の一定の割合を地方公共団体の一般財源として支出するものである。

PointCheck

◉シャウプ勧告 ⋯⋯⋯⋯⋯⋯⋯⋯⋯⋯⋯⋯⋯⋯⋯⋯⋯⋯⋯⋯⋯⋯⋯⋯【★★☆】

⑴シャウプ勧告とは

昭和24年4月、税制調査会が提出した勧告のこと。団長を務めたコロンビア大学のシャウプ教授の名をとってこのように呼ばれる。同調査会は、GHQ（連合国軍最高指令官総司令部）の要請により来日し、約半年間にわたって税制調査を行い、改革案を提示した。

⑵勧告の内容

同勧告は、日本の民主化の前提として地方自治の強化の必要性を説くとともに、そのための手段として地方財源の強化を提言した。地方財源の強化策としては、地方税制の確立、国庫補助金の原則廃止、地方平衡交付金制度の創設などが勧告された。

⑶シャウプ勧告が示した地方自治に関する3原則

シャウプ勧告は、地方自治の確立・強化のため、行政責任（行政事務の再配分）・能率・市町村優先の原則を提示した。税制改革もこの行政事務の再配分を支えるための意味合いを持つものであり、原則に従って、国税と府県・市町村税の税源分離、市町村税の強化と拡充が勧告されたのである。

①行政責任の明確化

国・都道府県・市町村の間の行政責任を区分するため、行政事務の適正な再配分が必要。

②能率の原則

行政事務はそれを最も能率的に処理できるレベルの行政機関に振り分ける。

③市町村優先の原則

行政事務はできる限り市町村、府県、国の順序で割り当てることが必要。

問題でPointを理解する

Level 1 Q67

第1章

第2章

第3章

第4章

第5章

第6章

第7章

●地方交付税の沿革‥‥‥‥‥‥‥‥‥‥‥‥‥‥‥‥‥‥‥‥‥‥‥‥‥‥‥‥‥‥【★★☆】

　中央地方の財政調整制度として、シャウプ勧告で提案された地方平衡交付金制度の下では、地方自治体に配分する総額算定をめぐり、毎年の予算編成の際、大蔵省と地方財政委員会の激しい攻防が展開された。そのため、1954年に現在の地方交付税制度が創設されることになった。

　その目的は、地方公共団体の自主性を確保しつつその財源の均衡を図り、行政の計画的運営を保障することで地方自治の本旨の実現を支援することにある。したがって、国は地方交付税の交付に、条件を付与したり使途を限定することはできないとされる。

●特別交付税‥‥‥‥‥‥‥‥‥‥‥‥‥‥‥‥‥‥‥‥‥‥‥‥‥‥‥‥‥‥‥‥‥【★★☆】

　地方交付税には、普通交付税と特別交付税がある。地方交付税の総額の94％が普通交付税であり、6％が特別交付税である。特別交付税は、以下の場合に地方自治体に交付される。
①基準財政需要額を算定する際にとらえられなかった特別の支出がある場合
②基準財政収入額のうちに著しく過大に算定された財政収入がある場合
③交付税の算定期日後に自然災害が発生し、そのために特別の支出がある場合、または財政収入の減少がある場合
④その他特別の事情がある場合
　具体的には、多数の伝染病患者の発生や、特別選挙等が挙げられる。

●地方公共団体財政健全化法　[理解を深める]‥‥‥‥‥‥‥‥‥‥‥‥‥‥‥‥【★☆☆】

　従来、財政上赤字に陥り財政の再建に取り組む自治体は、「財政再建団体」として旧地方財政再建促進特別措置法に基づき財政再建計画を定め再建を行うものとされた（例：北海道夕張市）。新たに制定された地方公共団体財政健全化法では、「財政健全化団体」と「財政再生団体」の指定という、2段階の財政状況の審査を行い、早期に財政再建を図ることとしている。

A67　正解−2

1−誤　市制・町村制は1888年に公布、府県制・郡制は1890年に公布された。問題文は年号が逆である。

2−正　シャウプ勧告によって、税制改革と地方自治の強化が勧告された。

3−誤　戦前の日本の地方制度は、プロイセンの影響を強く受けている。なかでもモッセの影響が大きい。ブライスは、「地方自治は民主主義の学校である」の言葉で有名である。

4−誤　地方交付税交付金は、自治体がその使途を限定されずに使用でき、自治体の一般財源となっている。

5−誤　国庫支出金は、国によってその使途が定められており、特定財源である。肢4と肢5の説明が逆である。

Q68 近年のわが国の地方分権改革

問 近年のわが国における地方分権改革に関する次の記述のうち、妥当なものはどれか。

(国家一般)

1 いわゆる地方分権一括法により、機関委任事務制度が廃止され、地方自治体の処理する事務は自治事務と法定受託事務の2種類に限られた。主務大臣の地方自治体に対する包括的指揮監督権が廃止され、国の地方自治体に対する関与は、自治事務については撤廃され、法定受託事務についても限定的に整理された。

2 国が地方自治体に特定の機関や職員などの設置を義務づける、いわゆる必置規制が廃止・緩和されたことで、福祉、教育など、住民の日常生活に密接に関わる行政サービス分野について、地域の実情に合わせた組織編成がしやすくなるなど、地方自治体の自主組織権が拡充された。

3 いわゆる地方分権一括法によって導入された制度や措置のうち、機関委任事務制度の廃止や国の地方自治に対する関与の制限が団体自治拡充の側面であり、市町村への大幅な事務権限の移譲や公共事業の決定に限定した住民投票制度などが、住民自治拡充の側面である。

4 全政府支出のうち、地方政府支出の割合が約3分の2であるのに対し、税収総額に占める地方税の割合は約3分の1にすぎないという状況を是正するため、国税のうち消費税が地方自治体に税源移譲されるとともに、地方自治体は新税創設の際に国と協議する必要がなくなった。

5 小規模市町村の多くは、財政力も乏しく、十分な事務遂行体制を持ちあわせていないことから、大都市を中核に、周辺の小規模市町村を組み合わせた広域連合が、全国網羅的に設置された。現在これら広域連合は、介護保険を始めとするさまざまな業務を担っているが、各広域連合を構成する市町村は、「市町村の合併の特例に関する法律」が失効する平成17（2005）年末までに順次強制的に合併されることとなっている。

PointCheck

◉地方分権一括法の内容 ‥‥‥‥‥‥‥‥‥‥‥‥‥‥‥‥‥‥‥‥‥‥‥‥‥‥‥‥‥【★★★】

機関委任事務の廃止以外にも重要な改正がなされている。

⑴国地方係争処理委員会の導入

国地方係争処理委員会は総務省に設置され、国による関与、公権力の行使や不作為に不服な場合に、地方自治体が審査を申し出ることができる機関である。この審査結果や勧告、国の措置に不服がある地方自治体は、高等裁判所に提訴することができる。

⑵必置規制の廃止

必置規制とは、具体的には、法令などを通じて、地方自治体に特定の職、機関、組織の設置を義務づけるものである。それは、機関委任事務の執行を支える制度でもあった。

他方、必置規制により、地方自治体が効率的に活動できなくなっているとする批判も強く、地方分権一括法により、必置規制は、廃止されたり、大幅に緩和されたりした。

(3)課税自主権の拡大

①法定外普通税の許可制を事前協議制とする。

②法定外目的税の新設。

③地方債の発行の許可制を事前協議制とする。

(4)合併促進

地方分権一括法は、市町村の合併を促進するために財政支援などを盛り込んだ。また、中核市（人口30万人以上）になる条件を緩和し、特例市（人口20万人以上）を設置した（現在、特例市制度は廃止）。2002年に3218あった市町村の数は、合併により2017年に1718まで減少した。

◉政令指定都市‥‥‥‥‥‥‥‥‥‥‥‥‥‥‥‥‥‥‥‥‥‥‥‥‥‥‥‥‥‥‥【★★☆】

政令指定都市は、地方自治法により政令で指定される、人口50万人以上の都市である。政令指定都市には、国や道府県レベルでの権限が一部委譲される。2019年9月現在、札幌、仙台、さいたま、千葉、横浜、川崎、相模原、新潟、静岡、浜松、名古屋、京都、大阪、堺、神戸、岡山、広島、北九州、福岡、熊本の計20市である。

◉中核市‥‥‥‥‥‥‥‥‥‥‥‥‥‥‥‥‥‥‥‥‥‥‥‥‥‥‥‥‥‥‥‥‥‥‥‥‥【★★☆】

中核市になる条件は、当初、人口30万人以上で面積100平方キロメートル以上が原則とされていた。その後、地方分権一括法などでその一部が緩和され、面積要件は人口50万人未満の都市についてだけ該当する要件となった。さらに2006年6月からは面積要件が廃止され、2015年4月からは人口20万以上が要件となる。中核市には、政令指定都市レベルの権限の一部が委譲される。2019年現在、58市が指定されている。

> **Level up Point!**
> 　地方分権一括法により、機関委任事務が廃止されたことはよく知られているが、それに伴い、必置義務も廃止され、また、自治体の課税権の拡大も実施された。地方分権一括法の対象は広範な分野に影響していることを理解する。

A68　正解ー2

1 －誤　従来の機関委任事務は廃止され、自治事務と法定受託事務、中央政府が直接に執行する事務とに分けられた。自治事務について国の関与は残っている。

2 －正　必置規制の廃止では、例えば、従来、専任規制があった図書館長や公民館の館長などが、他の業務との兼任ができるようになった。

3 －誤　市町村への大幅な事務権限の移譲は、団体自治の拡充を意味する。

4 －誤　2019年現在でも、消費税は地方自治体へ税源移譲されてはいない。

5 －誤　市町村が強制的に合併されることになっているわけではない。

Q69 わが国の地方自治の歴史

問 わが国の地方自治の歴史に関する次の記述のうち、妥当なものはどれか。 （国家一般）

1 明治21（1888）年の市町村制では、市のうち東京市、大阪市、京都市には特別市制度が適用され、一般の市よりも多くの自治権が認められた。第二次世界大戦時に東京は都制に改められ、戦後に大阪市と京都市は地方自治法制定により政令指定都市制度が適用され、一層自治権が拡充された。

2 都道府県は、明治23（1890）年の府県制で現行制度の骨格が形成されて以降、官選知事を長とする国の総合出先機関であって、市町村とは異なり議事機関を持たず、自治体としての性格を持たなかったが、第二次世界大戦後、日本国憲法で都道府県の設置とその知事の直接公選が規定され、議会が設置された。

3 機関委任事務制度は、明治21（1888）年の市町村制で導入され、第二次世界大戦後、都道府県レベルにも適用が拡大されたが、1960年代から各省庁は出先機関や特殊法人を新設して直接執行したため、機関委任事務の件数は激減し、制度自体の必要性が低下したことから平成12（2000）年に廃止された。

4 国・地方間の財政調整の仕組みとして、昭和15（1940）年に戦時体制下に創設された地方分与税や戦後の地方配布税を経て、シャウプ勧告に基づく地方平衡交付金制度が創設されたが、毎年予算編成時に配分総額算定をめぐり紛糾し、地方交付税制度に改められ、現在に至っている。

5 戦前期に内政を総括した内務省が戦後改革によって解体された。さまざまな内務省復活構想が挫折した後、地方行財政制度は昭和35（1960）年に自治省の所管となり、平成13（2001）年、中央省庁再編によって内閣府の専管となった。

PointCheck

●明治憲法下の地方自治・・・【★★☆】

1878年 地方三新法…わが国の地方自治の起源

1888年 市制・町村制…ドイツ人顧問モッセの助言で山県有朋によって制定
（人口25000人以上の町を市として、郡と対等の行政区域とした）

1890年 府県制・郡制…地方制度の完成（府県は国の出先機関）

※1889年公布の明治憲法には、地方自治に関する規定がなかった。

府県における自治制度

府県知事は、内務大臣によって任命される「官選知事」。府県会議員は、郡会議員や市会議員などによる間接選挙で選出。

市町村における自治制度

市長は市会が推薦する3人の候補者の中から内務大臣が任命。町村長（無給の名誉職）は町村会議員による間接選挙で選出。市町村会議員は制限選挙による公選で選出。

●**新憲法下の地方自治**…………………………………………………………………【★★☆】

明治憲法下の地方自治はヨーロッパ大陸型（集権型・融合型）であったが、戦後、アングロ・サクソン型の分権型・分離型の制度が導入される。ただ、その基本は中央集権的な統治体系を引き継ぐ形となっていた。

(1)戦後の地方制度改革

①憲法上の制度的保障…日本国憲法第8章地方自治が規定される

②都道府県の完全自治体化…自治行政・立法・財政

③都道府県知事・市町村長の直接選挙

④地方自治法の制定…団体別の法令を一元化

⑤内務省の解体…内政総括官庁による指揮監督の排除

⑥都道府県警察体制、市町村・都道府県教育委員会による教育行政

⑦直接請求権（イニシアティブ、リコール、住民投票）

(2)戦前から引き継いだ特徴

①概括授権（例示）方式…自治体と国の事務・権限が明確でなくあいまい

②機関委任事務方式…委任により国の指揮監督が及ぶ

③都道府県・市町村間の指揮監督関係

Level up Point!

戦前の地方自治は、内務省がいわば一手に取り仕切っていたのであり、地方公共団体は、現在よりもはるかに中央政府の出先機関としての色合いが強かった。現代の地方制度改革が非常に広範囲の法改正を伴ったように、シャウプ勧告も地方自治の確立から積み上げなければならなかったことを理解する。

A69 正解—4

1—誤　明治初期の地方制度においては、東京市、大阪市、京都市に自治権を賦与することは、一般の市の場合以上に強く懸念されていた。

2—誤　府県にも、議会として府県会が設置されていた。

3—誤　機関委任事務の件数は、日本の経済復興、高度経済成長とともに増加した。1960年代に激減したというのは誤り。また、その廃止も同事務が上意下達的な制度とされたために、「対等・協力」な中央地方関係を目指す地方分権にはふさわしくないという理由から行われたのである。

4—正　シャウプ勧告は、間接税に偏る従来の税制を直接税重視へ改編することを提案した。

5—誤　中央省庁改革に伴い、自治省は、郵政省、総務庁とともに総務省になったが、地方行財政制度も総務省が所管することになった。

Q70 中央地方関係

問 中央地方関係に関する次の記述のうち、妥当なものはどれか。　　　（国家総合類題）

1　アングロ・サクソン諸国の分権・分離型の中央地方関係においては、市町村などの基礎自治体の事務権限を法律で定めるに際して、概括授権方式または概括例示方式と呼ばれる方式を採用している。そこでは、国の事務権限と自治体のそれが明確に区分けされているので、各級政府の提供する行政サービスが同一地域内において重複し競合することは原則としてない。

2　分権化の度合いは、単一国家制を採る場合よりも、連邦制を採る場合の方が必ず高くなる。例えば、アメリカ合衆国、カナダ、オーストラリアのような連邦制国家では、州政府が歳入分与プログラムの変更について拒否権を持つなど、分権化の度合いはきわめて高い。

3　わが国では、いわゆる地方分権化推進一括法によって機関委任事務が廃止され、それに代えて法定受託事務が導入された。従来機関委任事務とされてきた都市計画の決定、建築確認、小中学校の学級編制などは法定受託事務とされた。この制度改革により、わが国の中央地方関係は融合型から分権型に転換した。

4　R.A.W. ロウズは、イギリスの地方自治の姿を念頭に置きながら、中央政府と自治体が保有している行政資源とこれに基づく権力関係に着目した。彼によれば、中央政府は立法権限と財源の保有において優位に立つが、行政サービスを実施する上で、必要不可欠な組織資源と情報資源の保有という側面では、自治体に劣位しているため、中央政府は自治体への依存を避けようとする。この結果、中央と地方の相互依存の度合いは減少する。

5　わが国の地方交付税制は、地方自治体が標準的な公共サービスを供給するために必要最低限の財源を保障するという目的をもっているが、地方交付税交付金は、地方自治体へ交付される一般財源であり、地方自治体は独自の判断でどのような目的にも支出することができる。

PointCheck

●イギリスの地方制度の改革（ブレア政権）‥‥‥‥‥‥‥‥‥‥‥‥‥‥‥‥‥‥【★★☆】

①大ロンドン市の復活（1965 年設置、1986 年サッチャー政権下で廃止）

②大ロンドン市に、公選制の首長の設置

③スコットランド議会の設置

④ウェールズ議会の設置

⑤自治体の強制入札制度（サッチャー政権が自治体の効率化を目指して導入）の廃止

⑥「ベストバリュー政策」の導入

　　行政サービスの価格と品質をできる限り高いレベルで両立させることを目指し、さらに提供したサービスが有益だったかを住民の立場から検証することに重点を置く。

◉連邦制・・【★☆☆】

　単一の主権の下に複数の支分国が結合して、一個の国家が構成される制度。憲法によって、連邦国家と支分国との間の権限の分配が定められ、原則として各支分国は相互に対等である。アメリカ合衆国は 1789 年の建国に際して連邦憲法を制定し、最初に連邦制を採用した。今日では、多民族国家（カナダやスイス連邦）や巨大な国家（インド共和国やロシア連邦）で制度化されている。

　支分国は連邦の意思決定に参加し、広範な自治権を保持している。そのため、それは通常の地方自治とは異なる。今日の国家の多くでは中央集権化が趨勢であり、そのため連邦制の特色は失われつつあるとする見解もある。しかし、依然としてその分権制は高度なものであり、わが国でも地方分権化を徹底させるために連邦制の導入を求める声がある。

◉ロウズの見解・・・【★★★】

　イギリスの R.A.W. ロウズは、イギリスの分権・分離型の地方自治の形態を基に、中央政府と自治体とが持っている行政資源とこれによる権力関係に注目して、中央政府と自治体との間に相互依存関係が成立していると指摘した。その理由として、立法権限と財源の保有においては中央政府が優位に立っているが、行政サービスを実施する上に必要不可欠な組織資源と情報資源を持っているために、その点では自治体の方が中央政府に優っているという事実を挙げている。

◉アシュフォードの見解　[理解を深める]・・・【★☆☆】

　アメリカの D. アシュフォードは、フランスの集権・融合型の地方自治の形態を基に、中央政府と自治体の間で行われる情報伝達と影響力行使が双方向である事実に着目して、両者間の相互依存のルートが多元的であることが重要であると指摘している。

Level up Point！　地方自治の類型を基礎として、新しい地方自治の形が各国で模索されており、日本の地方制度改革も同じ位置づけになる。各国の改革の方向性を理解しているかが重要。

A70 正解ー5

1 ー誤　アングロ・サクソン諸国の中央地方関係では、市町村の事務権限は制限列挙式で定められている。

2 ー誤　ドイツは連邦国家であるが、分権化の度合いは、単一国家制をとるイギリスよりも高いとはいえない。

3 ー誤　西尾によると、機関委任事務の廃止をはじめとする一連の改革によって日本の地方自治の集権性と融合性はさらに緩和されたものの、分権・分離型に転換してはいない。

4 ー誤　ロウズは、中央政府と自治体との間には相互依存関係があり、それが福祉国家の発展とともに深化していると説く。

5 ー正　国によって使途が指定されるのが、特定財源である。

第1章

第2章

第3章

第4章

第5章

第6章

第7章

INDEX

※色のついた数字は、 Level 2 です。

◆参考文献
田口富久治　　　　　　　『行政学要論：現代国家と行政の理論』　有斐閣
西尾勝・村松岐夫 編　　　『講座行政学』1〜6巻　　　　　　　　有斐閣
中西啓之　　　　　　　　『日本の地方自治』　　　　　　　　　　自治体研究社
森田朗 編　　　　　　　　『行政学の基礎』　　　　　　　　　　　岩波書店
村松岐夫　　　　　　　　『行政学教科書』　　　　　　　　　　　有斐閣
佐々木信夫　　　　　　　『現代行政学』　　　　　　　　　　　　学陽書房
新自治用語辞典編纂会 編　『新自治用語辞典』　　　　　　　　　ぎょうせい
西尾勝　　　　　　　　　『行政学　新版』　　　　　　　　　　　有斐閣
北沢義博・三宅弘　　　　『情報公開法解説 第2版』　　　　　　　三省堂
阿部斎 他 編 著　　　　　『地方自治の現代用語』　　　　　　　　学陽書房
宮本憲一　　　　　　　　『日本の地方自治その歴史と未来』　　　自治体研究社
新藤宗幸・阿部斎　　　　『概説　日本の地方自治　第2版』　　　東京大学出版会
下條美智彦　　　　　　　『イギリスの行政』　　　　　　　　　　早稲田大学出版部
下條美智彦　　　　　　　『フランスの行政』　　　　　　　　　　早稲田大学出版部
金子宏 他 編　　　　　　『法律学小辞典』　　　　　　　　　　　有斐閣
大学教育社 編　　　　　　『現代政治学事典』　　　　　　　　　　ブレーン出版
阿部齊 他 編　　　　　　『現代政治学小辞典　新版』　　　　　　有斐閣
内田満 編　　　　　　　　『現代日本政治小辞典』　　　　　　　　ブレーン出版
法令用語研究会 編　　　　『有斐閣法律用語辞典』　　　　　　　　有斐閣

本書の内容は、小社より2020年3月に刊行された
「公務員試験 出るとこ過去問8行政学」(ISBN：978-4-8132-8750-6)
および2023年3月に刊行された
「公務員試験 出るとこ過去問8行政学 新装版」(ISBN：978-4-300-10608-2)
と同一です。

公務員試験　過去問セレクトシリーズ

公務員試験　出るとこ過去問　8　行政学　新装第2版

2020年4月1日　初　　版　第1刷発行
2024年4月1日　新装第2版　第1刷発行

編　著　者	T　A　C　株　式　会　社	
	（出版事業部編集部）	
発　行　者	多　　田　　敏　　男	
発　行　所	TAC株式会社　出版事業部	
	（TAC出版）	

〒101-8383
東京都千代田区神田三崎町3-2-18
電話　03（5276）9492（営業）
FAX　03（5276）9674
https://shuppan.tac-school.co.jp/

印　　刷	株式会社　光　　　　邦	
製　　本	株式会社　常　川　製　本	

© TAC　2024　　　　Printed in Japan

ISBN 978-4-300-11128-4
N.D.C. 317

公務員講座のご案内

大卒レベルの公務員試験に強い！

2022年度 公務員試験

公務員講座生[1]
最終合格者延べ人数[2]

5,314名

国家公務員（大卒程度）	計	2,797名
地方公務員（大卒程度）	計	2,414名
国立大学法人等	大卒レベル試験	61名
独立行政法人	大卒レベル試験	10名
その他公務員		32名

※1 公務員講座生とは公務員試験対策講座において、目標年度に合格するために必要と考えられる、講義、演習、論文対策、面接対策等をパッケージ化したカリキュラムの受講生です。単科講座や公開模試のみの受講生は含まれておりません。
※2 同一の方が複数の試験種に合格している場合は、それぞれの試験種に最終合格者としてカウントしています。(実合格者数は2,843名です。)
＊2023年1月31日時点で、調査にご協力いただいた方の人数です。

1位 全国の公務員試験で合格者を輩出！

詳細は公務員講座(地方上級・国家一般職)パンフレットをご覧ください。

2022年度 国家総合職試験

公務員講座生[1]
最終合格者数 217名

法律区分	41名	経済区分	19名
政治・国際区分	76名	教養区分[2]	49名
院卒/行政区分	24名	その他区分	8名

※1 公務員講座生とは公務員試験対策講座において、目標年度に合格するために必要と考えられる、講義、演習、論文対策、面接対策等をパッケージ化したカリキュラムの受講生です。単科講座や公開模試のみの受講生は含まれておりません。
※2 上記は2022年度目標の公務員講座最終合格者のほか、2023年度目標公務員講座生の最終合格者40名が含まれています。
＊ 上記は2023年1月31日時点で調査にご協力いただいた方の人数です。

2022年度 外務省専門職試験

最終合格者総数55名のうち
54名がWセミナー講座生です。[1]

合格者占有率[2] 98.2%

外交官を目指すなら、実績のWセミナー

※1 Wセミナー講座生とは、公務員試験対策講座において、目標年度に合格するために必要と考えられる、講義、演習、論文対策、面接対策等をパッケージ化したカリキュラムの受講生です。各種オプション講座や公開模試など、単科講座のみの受講生は含まれておりません。また、Wセミナー講座生はそのボリュームから他校の講座生と掛け持ちすることは困難です。
※2 合格者占有率は「Wセミナー講座生(※1)最終合格者数」を、「外務省専門職採用試験の最終合格者総数」で除して算出しています。また、算出した数字の小数点第二位以下を四捨五入して表記しています。
＊ 上記は2022年10月10日時点で調査にご協力いただいた方の人数です。

WセミナーはTACのブランドです

資格の学校 **TAC**

合格できる3つの理由

1 必要な対策が全てそろう！ ALL IN ONE コース

TACでは、択一対策・論文対策・面接対策など、公務員試験に必要な対策が全て含まれているオールインワンコース（＝本科生）を提供しています。地方上級・国家一般職／国家総合職／外務専門職／警察官・消防官／技術職／心理職・福祉職など、試験別に専用コースを設けていますので、受験先に合わせた最適な学習が可能です。

▶ カリキュラム例：地方上級・国家一般職 総合本科生

※上記は2024年合格目標コースの内容です。カリキュラム内容は変更となる場合がございます。

2 環境に合わせて選べる！ 多彩な学習メディア

通学メディア
教室＋Web講座
教室・ビデオブース・Webで講義が受けられる

ビデオブース＋Web講座
TAC校舎のビデオブースとWeb講義で自分のスケジュールで学習

通信メディア
Web通信講座
外出先で、さらにWebで。自由に講義が受けられる！

フォロー制度も充実！
受験生の毎日の学習をしっかりサポートします。

▶ **欠席・復習用フォロー**
クラス振替出席フォロー
クラス重複出席フォロー

▶ **質問・相談フォロー**
担任講師制度・質問コーナー
添削指導・合格者座談会

▶ **最新の情報提供**
面接復元シート自由閲覧
官公庁・自治体業務説明会　など

※上記は2024年合格目標コースの一例です。年度やコースにより変更となる場合がございます。

3 頼れる人がそばにいる！ 担任講師制度

TACでは教室講座開講校舎と通信生専任の「担任講師制度」を設けています。最新情報の提供や学習に関する的確なアドバイスを通じて、受験生一人ひとりを合格までアシストします。

▶ **担任カウンセリング**

学習スケジュールのチェックや苦手科目の克服方法、進路相談、併願先など、何でもご相談ください。担任講師が親身になってお答えします。

オンラインでも実施！

▶ **ホームルーム（HR）**

時期に応じた学習の進め方などについての「無料講義」を定期的に実施します。

Webホームルーム（HR）標準装備！

パンフレットのご請求は

TAC カスタマーセンター
0120-509-117
ゴウカク イイナ

受付時間
平　日　9:30～19:00
土曜・日曜・祝日　9:30～18:00
※受付時間は、変更させていただく場合がございます。詳細は、TACホームページにてご確認いただきますようお願い申し上げます。

TACホームページ **https://www.tac-school.co.jp/**

公務員講座のご案内

無料体験入学のご案内

3つの方法で *TAC* の講義が体験できる!

教室で体験 迫力の生講義に出席 予約不要! 最大3回連続出席OK!

1. 校舎と日時を決めて、当日TACの校舎へ

TACでは各校舎で毎月体験入学の日程を設けています。

2. オリエンテーションに参加(体験入学1回目)

初回講義「オリエンテーション」にご参加ください。体験入学ご参加の際に個別にご相談をお受けいたします。

3. 講義に出席(体験入学2・3回目)

引き続き、各科目の講義をご受講いただけます。参加者には体験用テキストをプレゼントいたします。

● 最大3回連続無料体験講義の日程はTACホームページと公務員講座パンフレットでご覧いただけます。
● 体験入学はお申込み予定の校舎に限らず、お好きな校舎でご利用いただけます。
● 4回目の講義前までにご入会手続きをしていただければ、カリキュラム通りに受講することができます。

※地方上級・国家一般職、理系(技術職)、警察・消防以外の講座では、最大2回連続体験入学を実施しています。また、心理職・福祉職はTAC動画チャンネルで体験講義を配信しています。
※体験入学1回目や2回目の後でもご入会手続きは可能です。「TACで受講しよう!」と思われたお好きなタイミングで、ご入会いただけます。

ビデオで体験 校舎のビデオブースで体験視聴

TAC各校のビデオブースで、講義を無料でご視聴いただけます。(要予約)

各校のビデオブースでお好きな講義を視聴できます。視聴前日までに視聴する校舎受付までお電話にてご予約をお願い致します。

ビデオブース利用時間 ※日曜日は④の時間帯はありません。
① 9:30 ～ 12:30　② 12:30 ～ 15:30
③ 15:30 ～ 18:30　④ 18:30 ～ 21:30

※受講可能な曜日・時間帯は一部校舎により異なります。
※年末年始・夏期休業・その他特別な休業以外は、通常平日・土日祝祭日にご覧いただけます。
※予約時にご希望日とご希望時間帯を合わせてお申込みください。
※基本講義の中からお好きな科目をご視聴いただけます。(視聴できる科目は時期により異なります)
※TAC提携校での体験視聴につきましては、提携校各校へお問合せください。

Webで体験 スマートフォン・パソコンで講義を体験視聴

TACホームページの「TAC動画チャンネル」で無料体験講義を配信しています。時期に応じて多彩な講義がご覧いただけます。

TACホームページ **https://www.tac-school.co.jp/**

※体験講義は教室講義の一部を抜粋したものになります。

TAC出版 書籍のご案内

TAC出版では、資格の学校TAC各講座の定評ある執筆陣による資格試験の参考書をはじめ、資格取得者の開業法や仕事術、実務書、ビジネス書、一般書などを発行しています！

TAC出版の書籍

*一部書籍は、早稲田経営出版のブランドにて刊行しております。

資格・検定試験の受験対策書籍

- ❂日商簿記検定
- ❂建設業経理士
- ❂全経簿記上級
- ❂税 理 士
- ❂公認会計士
- ❂社会保険労務士
- ❂中小企業診断士
- ❂証券アナリスト

- ❂ファイナンシャルプランナー(FP)
- ❂証券外務員
- ❂貸金業務取扱主任者
- ❂不動産鑑定士
- ❂宅地建物取引士
- ❂賃貸不動産経営管理士
- ❂マンション管理士
- ❂管理業務主任者

- ❂司法書士
- ❂行政書士
- ❂司法試験
- ❂弁理士
- ❂公務員試験(大卒程度・高卒者)
- ❂情報処理試験
- ❂介護福祉士
- ❂ケアマネジャー
- ❂社会福祉士　ほか

実務書・ビジネス書

- ❂会計実務、税法、税務、経理
- ❂総務、労務、人事
- ❂ビジネススキル、マナー、就職、自己啓発
- ❂資格取得者の開業法、仕事術、営業術
- ❂翻訳ビジネス書

一般書・エンタメ書

- ❂ファッション
- ❂エッセイ、レシピ
- ❂スポーツ
- ❂旅行ガイド (おとな旅プレミアム/ハルカナ)
- ❂翻訳小説

書籍の正誤に関するご確認とお問合せについて

書籍の記載内容に誤りではないかと思われる箇所がございましたら、以下の手順にてご確認とお問合せをしてくださいますよう、お願い申し上げます。

なお、正誤のお問合せ以外の書籍内容に関する解説および受験指導などは、一切行っておりません。
そのようなお問合せにつきましては、お答えいたしかねますので、あらかじめご了承ください。

1 「Cyber Book Store」にて正誤表を確認する

TAC出版書籍販売サイト「Cyber Book Store」の
トップページ内「正誤表」コーナーにて、正誤表をご確認ください。

CYBER TAC出版書籍販売サイト
BOOK STORE

URL：https://bookstore.tac-school.co.jp/

2 1の正誤表がない、あるいは正誤表に該当箇所の記載がない
⇒ 下記①、②のどちらかの方法で文書にて問合せをする

★ご注意ください★

お電話でのお問合せは、お受けいたしません。
①、②のどちらの方法でも、お問合せの際には、「お名前」とともに、
「対象の書籍名（○級・第○回対策も含む）およびその版数（第○版・○○年度版など）」
「お問合せ該当箇所の頁数と行数」
「誤りと思われる記載」
「正しいとお考えになる記載とその根拠」
を明記してください。
なお、回答までに１週間前後を要する場合もございます。あらかじめご了承ください。

① ウェブページ「Cyber Book Store」内の「お問合せフォーム」より問合せをする

【お問合せフォームアドレス】

https://bookstore.tac-school.co.jp/inquiry/

② メールにより問合せをする

【メール宛先　TAC出版】

syuppan-h@tac-school.co.jp

※土日祝日はお問合せ対応をおこなっておりません。
※正誤のお問合せ対応は、該当書籍の改訂版刊行月末日までといたします。

乱丁・落丁による交換は、該当書籍の改訂版刊行月末日までといたします。なお、書籍の在庫状況等により、お受けできない場合もございます。
また、各種本試験の実施の延期、中止を理由とした本書の返品はお受けいたしません。返金もいたしかねますので、あらかじめご了承くださいますようお願い申し上げます。

(2022年7月現在)